CAMINA SOBRE EL AGUA

CAMINA SOBRE EL AGUA

Descubre y
obedece
tu llamado
a un
discipulado
radical

JOHN ORTBERG

Vida®

*La misión de Editorial Vida es ser la compañía líder en satisfacer las
necesidades de las personas con recursos cuyo contenido glorifique al Señor
Jesucristo y promueva principios bíblicos.*

CAMINA SOBRE EL AGUA
Edición en español publicada por
Editorial Vida – 2019
Nashville, Tennessee
© 2019 por Editorial Vida
Basado en el libro *Si quieres caminar sobre las aguas, tienes que salir de la
barca*, © 2002 por John Ortberg

Este título también está disponible en formato electrónico.

Originally published in the U.S.A. under the title:
© 2019 Water-Walking by John Ortberg
Basado en el libro *If you Want to Walk on Water, You've Got to get Out
of the Boat*, © 1993 por John Ortberg
Published by permission of Zondervan, Grand Rapids, Michigan 49530.
All rights reserved.
Further reproduction or distribution is prohibited.

Editora en Jefe: *Graciela Lelli*
Versión Abreviada: *John Sloan*
Traducción: *David Coyotl*
Diseño interior: *Eugenia Chinchilla*

A menos que se indique lo contrario todas las citas bíblicas han sido
tomadas de La Santa Biblia, Nueva Versión Internacional® NVI® © 1999
por Biblica, Inc.® Usada con permiso. Reservados todos los derechos en
todo el mundo.

ISBN: 978-0-82976-987-6

CATEGORÍA: Vida Cristiana / Crecimiento
IMPRESO EN ESTADOS UNIDOS DE AMÉRICA
PRINTED IN THE UNITED STATES OF AMERICA

19 20 21 22 23 LSC 9 8 7 6 5 4 3 2 1

Para Sam Reeves y Max DePree,
que me enseñaron tanto acerca de salir de la barca

CONTENIDO

En la madrugada, Jesús se acercó a ellos caminando sobre el lago. Cuando los discípulos lo vieron caminando sobre el agua, quedaron aterrados.

—¡Es un fantasma!—gritaron de miedo.

Pero Jesús les dijo en seguida:

—¡Cálmense! Soy yo. No tengan miedo.

—Señor, si eres tú —respondió Pedro—, mándame que vaya a ti sobre el agua.

—Ven —dijo Jesús.

Pedro bajó de la barca y caminó sobre el agua en dirección a Jesús. Pero al sentir el viento fuerte, tuvo miedo y comenzó a hundirse. Entonces gritó:

—¡Señor, sálvame!

En seguida Jesús le tendió la mano y, sujetándolo, lo reprendió:

—¡Hombre de poca fe! ¿Por qué dudaste?

Cuando subieron a la barca, se calmó el viento. Y los que estaban en la barca lo adoraron diciendo:

—Verdaderamente tú eres el Hijo de Dios.

Mateo 14.25-32

PREFACIO

Quiero invitarte a dar un paseo.

La Biblia es, entre otras cosas, una lista de inolvidables paseos. El primero lo hizo Dios mismo quien, se nos relata, solía caminar en el jardín de Edén al aire del día. Sin embargo, como regla general, Dios le pidió a la gente que caminara con él.

Estuvo la ardua caminata de Abraham con su hijo Isaac rumbo a Moriá. También tenemos la marcha libertadora de Moisés y los israelitas a través de un sendero normalmente ocupado por el Mar Rojo y su frustrante avance en círculos durante cuarenta años por el desierto. Hubo, además, la marcha triunfal de Josué alrededor de Jericó, la reveladora caminata de los discípulos a Emaús, el viaje interrumpido de Pablo hacia Damasco.

Pero quizás la más inolvidable fue la de Pedro, el día que salió de la barca y caminó sobre el agua. Es inolvidable no tanto por el lugar por el que transitó como por el material *sobre* el que caminó y por aquel *con* quien caminó.

En este libro, dejemos que la caminata de Pedro sea una invitación a todos los que, como él, quieren arriesgarse en fe, desean experimentar algo más del poder y la presencia de Dios. Hay un patrón congruente en la Escritura en cuanto a lo que ocurre en la vida que Dios quiere usar y mejorar:

- Siempre hay un llamado.
- Siempre hay temor.
- Siempre hay un consuelo. Dios promete su presencia
- Siempre hay una decisión. Algunas veces, como con Moisés y Gedeón, la gente le dice «sí» al llamado de Dios. Otras veces, como los diez espías asustados o el joven rico que habló con Jesús, dicen «no».
- Siempre hay una vida transformada. Los que no aceptan el llamado también son transformados. Se hacen un poco más duros, más resistentes a su llamado, un poco más propensos a decir «no» la próxima vez.

Creo que este patrón de la Escritura está vigente aún. Juntos, en este libro vamos a aprender las habilidades esenciales para «caminar sobre el agua»: llamado de Dios distintivo, temor trascendente, fe arriesgada, administración del fracaso, confianza en Dios. Mi esperanza no es que simplemente leas este libro, sino que te empuje a decirle «sí» a Dios.

Así que te invito a dar un paseo. Sobre el agua.

Solo recuerda esto: Si quieres caminar sobre el agua, tienes que salir de la barca.

CAPÍTULO 1

«Señor, si eres tú...» Mateo 14.28

ACERCA DE CAMINAR SOBRE EL AGUA

No es el crítico el que cuenta; no es el hombre que señala cómo el fuerte se derrumba o donde el que hace algo pudo haberlo hecho mejor. El crédito le pertenece al hombre que está en la arena... quien, a lo sumo, conoce al fin el triunfo de un gran logro y, en el peor caso, si fracasa, al menos se atreve osadamente. De modo que su lugar nunca será con aquellas tímidas y frías almas que no conocen ni la victoria ni la derrota.

Theodore Roosevelt

Hace algún tiempo, mi esposa me dio como regalo de cumpleaños un paseo en globo aerostático. Fuimos al aeródromo y nos metimos a una pequeña canastilla junto con otra pareja. Nos presentamos e intercambiamos información sobre nuestras carreras. Entonces el piloto comenzó el ascenso. Apenas había amanecido; era un día claro, fresco y sin nubes. Podíamos ver completo el Valle

Canejo, desde los escarpados cañones hasta el Océano Pacífico. Era pintoresco, inspirador y majestuoso.

Pero también experimenté una emoción que no había anticipado. ¿Sabes cuál?

El temor.

Siempre pensé que esas canastillas llegaban más arriba del pecho, pero esta solo alcanzaba nuestras rodillas. Un buen tambaleo habría sido suficiente para echar a alguien por la borda. Así que me agarré con inflexible determinación hasta que los nudillos se me emblanquecieron.

Miré a mi esposa, a quien las alturas realmente la despreocupan, y me relajé un poco, sabiendo que había en la canastilla alguien más tenso que yo. Lo sabía porque no se movía para nada, para nada en lo absoluto. En algún momento de nuestro vuelo pasamos sobre un rancho de crianza de caballos y, sin siquiera voltear o inclinar su cabeza, movió solamente los ojos hacia un lado tanto como pudo y me dijo: «Sí, es hermoso».

Ya para este momento decidí que me gustaría conocer al jovencito que estaba piloteando el globo. Me di cuenta de que podía tratar de autoconvencerme de que todo saldría bien, pero la verdad era que habíamos confiado nuestras vidas y destinos en las manos del piloto. Todo dependía de su carácter y capacidad.

Le pregunté cómo se ganaba la vida y cómo comenzó a pilotear globos aerostáticos. Esperaba que su ocupación anterior estuviera llena de responsabilidades: neurocirujano, quizás o un astronauta que ya no pudo ir al espacio.

Supe que estábamos en problemas cuando comenzó a responderme: «Viejo, es muy fácil...»

¡Ni siquiera tenía empleo! Lo que más hacía era *surfear*.

Dijo que comenzó a pilotear globos aerostáticos porque un día, luego de tomar varias copas de más, comenzó a pasear en su camioneta, la chocó y como resultado su hermano quedó gravemente herido. Este no se había podido recuperar del todo, así que mirar globos aerostáticos volar lo entretenía un poco.

«Por cierto —añadió—, si llega a caer en picada cuando bajemos, no se sorprendan. Nunca he volado este globo en particular y no estoy muy seguro de cómo va a resultar el descenso».

Mi esposa me miró y me dijo: «¿Quieres decir que estamos a trescientos cincuenta metros sobre el suelo con un *surfista* desempleado que comenzó a pilotear globos porque tomó varias copas de más, chocó una camioneta, lastimó a su hermano, nunca ha estado en este globo y no sabe cómo bajarlo?»

En ese momento la mujer de la otra pareja me miró y pronunció las únicas palabras que alguno de ellos iba a decir en todo el vuelo.

«Usted es pastor. Haga algo religioso».

Así que recogí una ofrenda.

La gran pregunta en un momento así es: ¿Puedo confiar en el piloto?

Debido a esto, he sentido atracción durante muchos años por la historia de Pedro cuando sale de la barca y camina sobre el agua con Jesús su piloto. Y lo que conlleva el crear a alguien que camine sobre el agua.

Los que caminan sobre el agua reconocen la presencia de Dios

Pedro y sus compañeros se metieron a un pequeño bote una tarde para cruzar el mar de Galilea. Jesús quería estar solo, así que se fueron a navegar sin él. A Pedro no le incomodó eso: había estado en barcas toda la vida. Es más, le gustaban.

Pero esta vez se desencadenó una tormenta. Y no se trató de una ráfaga cualquiera. El Evangelio de Mateo dice que la barca era «zarandeada» por las olas. Fue tan violenta que lo único que los discípulos podían hacer era mantenerla a flote. Hubieran querido que los costados de la barca fueran más altos y la madera más gruesa. Para las tres de la mañana me imagino que no estarían preocupados por llegar a la otra orilla: solo querían seguir vivos.

Entonces uno de los discípulos notó una sombra que se movía sobre el agua en dirección a ellos. Mientras se acercaba, comenzó a notarse una figura humana caminando.

Detente un momento para dejar que la imagen tome forma. Los discípulos estaban angustiados y la única persona que podía ayudarlos se estaba acercando a ellos. Solo que él no estaba en la barca y los discípulos no lo reconocieron. Maravillosamente, el no tener una embarcación no parecía impedir a Jesús en lo absoluto.

Pero los discípulos estaban convencidos de que se trataba de un fantasma, así que se aterrorizaron y gritaron con temor. Desde nuestra perspectiva, podemos preguntarnos cómo es que no pudieron saber que se trataba de Jesús. ¿Quién más podría ser?

¿Qué pretendía Jesús caminando por... digo, sobre el lago a las tres de la mañana? Solo por un momento, profundicemos un poco.

David Garland halla una pista en la versión que da Marcos de esta historia en su evangelio. Marcos nos dice que Jesús «iba a pasarlos de largo» sobre el agua pero que, cuando lo vieron caminar sobre el lago, creyeron que era un fantasma. ¿Por qué Jesús quería «pasarlos de largo»? ¿Decidió competir con ellos en una carrera? ¿Quería impresionarlos con un truco realmente bueno?

Garland señala que el verbo *parérjomai* («pasar junto») es utilizado en la traducción griega del Antiguo Testamento como un término técnico relacionado con una teofanía: esos momentos determinantes cuando Dios hizo «apariciones notables y temporales en el reino terrestre para un grupo o individuo seleccionados con el propósito de comunicar un mensaje».

«Cuando yo pase en todo mi esplendor...», dijo Dios a Moisés mientras lo colocaba en la hendidura de una roca para que pudiera verle y luego le dio a conocer su nombre *«pasando* delante de él».

Dios le dijo a Elías que se presentara en la montaña ante él porque estaba a punto de *«pasar* por allí».

Hay un patrón en estas historias. En cada caso, Dios tuvo que atraer la atención a través de una zarza ardiente, del viento y del fuego o caminando sobre el agua. En cada caso, Dios los llamó a hacer algo extraordinario. En cada caso, la persona a quien Dios llamó sintió temor. Pero, cada vez que esa persona dijo «sí» a su llamado, sintió el poder de Dios en su vida.

Así que, cuando Jesús se acercó a los discípulos sobre el agua intentando «pasarlos de largo», no estaba nada más que haciendo un formidable acto sobrenatural. *Pueden confiar en mí. Conocen mi carácter y mi capacidad. Pueden entregarme con seguridad su destino en mis manos. Tengan valor. Soy yo.*

No lo habían entendido en su totalidad todavía, pero Dios los visitó en la carne, caminando sobre el agua.

Mateo quiso que sus lectores entendieran que, a menudo, Jesús viene cuando menos se le espera: a las tres de la mañana, en medio de una tormenta. Dale Bruner anota que «de acuerdo a las Santas Escrituras, los extremos humanos son un punto frecuente de encuentro con Dios». Esos momentos determinantes, dispuestos por Dios, los tendremos tú y yo. Dios todavía les pide a sus seguidores hacer cosas extraordinarias y, si no lo estás buscando, es posible que no lo veas.

No sabemos cómo es que once de ellos en la barca respondieron a esa voz. Tal vez con confusión, admiración, incredulidad o con un poco de cada una.

Pero uno de ellos, Pedro, estaba a punto de convertirse en un caminante sobre el agua. Él reconoció la presencia de Dios, en el lugar más inusual. Se dio cuenta de que esta era una extraordinaria oportunidad para el crecimiento y la aventura espiritual. Así que se le ocurrió una idea.

Decidió hacer algo cristiano.

Los que caminan sobre el agua disciernen entre la fe y la necedad

Pedro espetó al caminante sobre el agua: «Si eres tú ... mándame que vaya a ti sobre el agua». Esta no es una historia acerca de cómo correr riesgos. Se trata en esencia de un relato sobre la *obediencia*. Eso significa que tengo que discernir entre un llamado auténtico de Dios y lo que puede ser simplemente un necio impulso mío.

Mateo no elogia el arriesgarse por su propio bien. Jesús no busca gente que salta de los puentes con cuerdas elásticas, ni pilotos que planean en aparatos voladores caseros, ni corredores de autos que persiguen tornados. Esta no es una historia sobre deportes peligrosos, es acerca de *discipulado radical*. Eso significa que antes que Pedro salga de la barca, más vale que esté seguro de que Jesús piensa que es una buena idea. Por eso es que pide claridad: «Si eres tú ... mándame».

Pedro tuvo suficiente fe para creer que también podía compartir la aventura. Decidió que quería ser parte de la historia del primer caminante sobre el agua. *Mándame*.

Los que caminan sobre el agua salen de la barca

Antes de avanzar más, quiero que te sitúes dentro de la historia. Imagina lo violenta que tuvo que ser la tormenta para mantener a profesionales experimentados luchando por solo mantenerse a flote.

El agua es tempestuosa. Las olas son altas. El viento es fuerte. Hay una tormenta. Y si sales de la barca, cualquier cosa que ella signifique, hay una gran probabilidad de que te hundas.

Pero si no sales, hay una certidumbre garantizada de que nunca caminarás sobre el agua.

Creo que existe algo —Alguien— dentro de nosotros que nos dice que la vida es más que sentarse en la barca. Fuiste hecho para algo más que evitar el fracaso.

Así que déjame hacerte una pregunta muy importante: ¿Qué es tu barca?

¿Quieres saber cuál es tu barca? Tu temor te lo dirá. Simplemente pregúntate: ¿Qué es lo que más me produce temor, especialmente cuando pienso en dejarlo atrás y caminar hacia adelante en fe?

Para David, es su vocación. Ha sido contratista por treinta y cinco años y ahora tiene casi sesenta. Sin embargo, su vida entera fue corroída por la sensación de que Dios lo llamó al ministerio de la iglesia. Él ha callado su conciencia dando grandes cantidades de dinero y haciendo muchas buenas obras, pero no puede quitarse de encima el acuciante temor de que no siguió su llamado. Y teme que quizá es demasiado tarde.

Para Kathy, es una relación. Ha estado involucrada durante años con un hombre que, en el mejor de los casos, tiene un compromiso ambivalente con ella. Él le da señales que cualquier otra persona puede leer con claridad: nunca toma la iniciativa en la expresión afectiva, evita hablar acerca del futuro y pone tanta distancia entre ellos como le es posible. Pero ella no quiere descubrir sus verdaderos sentimientos, tiene mucho miedo.

Tal vez tu barca sea el éxito. Ese fue el caso del joven rico de la Biblia. Jesús le pidió que saliera de su barca («Vende lo que tienes y dáselo a los pobres ... Luego ven y sígueme»), pero él decidió no hacerlo. Tenía una barca muy bonita. Un yate. Navegaba muy bien y le gustaba demasiado como para dejarlo.

¿Cuál es tu barca? ¿En qué área de tu vida te retraes de confiar completa y valientemente en Dios? El miedo te dirá cuál es tu barca. Abandonarla puede ser lo más difícil que hayas hecho jamás.

Pero, si quieres caminar sobre el agua, tienes que salir de la barca.

Los que caminan sobre el agua avizoran los problemas

Así es que Pedro se va al borde de la barca. Los otros discípulos observan con cuidado. Ya antes vieron que Pedro abre demasiado la boca, muchas veces. Se preguntan cuán lejos llegará en esta ocasión.

Pone un pie al otro lado del borde, aferrándose con fuerza de él. Luego el otro pie. Se aferra con inflexible determinación y blancos nudillos.

Entonces hace algo cristiano: se suelta. Se abandona totalmente al poder de Jesús. Y, de repente, por primera vez en la historia, un ser humano normal camina sobre el agua.

Y entonces ocurre. Pedro sintió el viento fuerte.

Resurge la realidad y Pedro se pregunta: ¿Y en qué estaba pensando? Se percata de que está sobre el agua en medio de una tormenta sin una barca bajo sus pies, y se aterroriza. Aunque en realidad nada había cambiado. La tormenta no fue sorpresiva, estuvo ahí todo el tiempo. Lo que realmente ocurrió es que la concentración de Pedro pasó del Salvador a la tormenta.

Todos sabemos lo que significa «sentir el viento fuerte». Comienzas una nueva aventura lleno de esperanza. Tal vez se trata de un trabajo nuevo o de probar un talento espiritual o de intentar servir a Dios de una manera novedosa. Al principio, estás lleno de fe, el cielo es azul.

Y entonces resurge la realidad. Reveses. Oposición. Obstáculos inesperados. Sientes el viento fuerte. Debería ser así, el mundo es un sitio bastante tormentoso. Sin embargo, de alguna forma, los problemas todavía tienen el poder de tomarnos por sorpresa.

Debido al viento, algunas personas deciden no dejar la barca. Si sales de ella, enfrentarás al viento y la tormenta externos. Pero también, como bien sabrás para ese momento, no hay garantía de que la vida dentro de la barca será más segura.

Si te paras a batear, te pueden sacar del juego. Los grandes peloteros del mundo fallan dos de cada tres intentos.

Pero si no te paras, nunca sabrás lo glorioso que es batear un cuadrangular. Hay peligro al salir de la barca. Pero también lo hay si permaneces en ella. Si vives en la barca, cualquier cosa que esta sea, tarde o temprano morirás de aburrimiento y estancamiento. *Todo tiene un riesgo.*

Los que caminan sobre el agua aceptan el miedo como precio del crecimiento

Ahora llegamos a una parte de la historia que puede no gustarte. No me interesa mucho a mí. Escoger seguir a Jesús, la elección de crecer, es también elegir la constante repetición del miedo. Tienes que salir de la barca un poco cada día.

Déjame explicarte. Los discípulos suben a la barca, enfrentan la tormenta, ven al que camina sobre el agua y siente temor. «No tengan miedo», dice el Señor.

Aquí hay una verdad profunda en cuanto a caminar sobre el agua: *El miedo siempre estará presente.* ¿Por qué? Porque cada vez que quiero crecer, eso incluirá explorar nuevo territorio, enfrentar nuevos desafíos. Y cada vez que haga eso, experimentaré otra vez el miedo. Como lo escribe Susan Jeffers: «El miedo nunca se irá, mientras yo continúe creciendo».

¡Nunca! ¿No son esas buenas noticias? Ahora puedes dejar de tratar de alejar al miedo. Es un paquete. La decisión de crecer siempre involucra una selección entre el riesgo y la comodidad. Esto quiere decir que, para ser un seguidor de Jesús, debes renunciar a la comodidad como valor máximo de tu vida.¿Quieres saber el nombre del sillón más vendido en los Estados Unidos de América?

«La-Z-Boy» [«Lazyboy», para vagos].

No es «Risk-E-Boy» [«Riskyboy», para arriesgados].

Ni tampoco «Work-R-Boy» [«Workerboy», para trabajadores].

«La-Z-Boy» [«Lazyboy», para vagos]. Nos queremos sumergir en la comodidad. Hemos desarrollado todo un lenguaje acerca de ello. La gente dice: «Quiero irme a casa y *vegetar* —parecerme a la vegetación tanto como sea humanamente posible, de preferencia frente a un televisor».

Igualmente, a la gente que hace esto frente a un televisor la llamamos teleadictos. Teleadictos en sus sillones.

Los once discípulos bien pudieron llamarse «barca-dictos». No les molestaba observar, pero no quisieron realmente *hacer* algo.

Como veremos en esta obra, ambas selecciones, el riesgo y la comodidad, tienden a convertirse en hábito. Cada vez que sales de la barca, se hace un poco más probable que salgas la próxima vez. No es que el miedo se aleje, sino que te acostumbras a vivir con él. Te das cuenta de que este no tiene el poder para destruirlo.

Por otro lado, cada vez que te resistes a esa voz, que decides permanecer en la barca en vez de atender a su llamado, la voz se hace un poco más silenciosa en tu interior y, a fin de cuentas, ya no escuchas su llamado en absoluto.

Los que caminan sobre el agua dominan la administración del fracaso

Como resultado de sentir el viento y dejarse vencer por el miedo, Pedro comenzó a hundirse en el agua. Así que la pregunta es: ¿Fracasó Pedro?

El fracaso no es un acontecimiento, sino un *juicio* acerca de un acontecimiento. El fracaso no es algo que nos ocurre o una etiqueta que le ponemos a las cosas. Es una forma de pensar acerca de los resultados.

Antes que Jonas Salk desarrollara una vacuna contra la polio que finalmente funcionara, hizo doscientos intentos sin éxito. Alguien le preguntó: «¿Qué se siente fracasar doscientas veces?»

«Nunca he fracasado doscientas veces en mi vida —respondió Salk—. Se me enseñó a no utilizar la palabra "fracaso". Simplemente descubrí doscientas formas de cómo no vacunar contra la polio».

Alguien le preguntó a Winston Churchill qué fue lo que más lo preparó para arriesgarse al suicidio político al hacer un discurso en contra de Hitler durante los años de pacificación a mitad de la década de los treinta, y luego dirigir a la Gran Bretaña en contra de la Alemania nazi. Churchill respondió: Que haber tenido que repetir un año en la escuela primaria.

«¿O sea que usted fracasó un año en la escuela primaria?», le preguntaron.

«Nunca fracasé en nada en mi vida. Se me dio una segunda oportunidad para hacerlo bien».

Jonas Salk hizo doscientos intentos sin éxito para crear una vacuna contra la polio. *¿Jonas Salk era un fracasado?*

Winston Churchill repitió un año en la escuela primaria. ¿Winston Churchill era un fracasado?

¿Fracasó Pedro?

Bueno, supongo que de alguna manera sí. Su fe no era muy fuerte. Sus dudas fueron más firmes. Sintió el viento. Quitó su vista de donde debía estar. Se hundió. Fracasó.

Pero esto es lo que pienso. Creo que había once fracasos más grandes sentados dentro de la barca.

Una vez que caminas sobre el agua, nunca lo olvidas. No lo olvidas por el resto de tu vida. Y creo que Pedro mantuvo ese momento con él hasta su tumba.

Solo él conoció la gloria de ser levantado por Jesús en un momento de necesidad acuciante. Pedro supo —de una manera que los otros no—, que cuando él se hundió, Jesús sería enteramente suficiente para salvarlo. Tuvo en Jesús un momento, una conexión y una confianza compartidos que ninguno de los otros experimentó.

Los que caminan sobre el agua ven el fracaso como una oportunidad para crecer

Tan pronto como Pedro clamó por ayuda, Jesús se presentó. Ayuda a Pedro físicamente al sacarlo del agua. Pero también lo ayuda a crecer al precisar el problema: «¡Hombre de poca fe! ¿Por qué dudaste?»

No pienso que Jesús estaba siendo áspero o crítico aquí.

El problema estaba bien claro: Si Pedro se hundía en o caminaba sobre el agua dependía de su concentración en la tormenta o en Jesús. Pero ahora, Pedro entendía su dependencia de la fe mucho más profundamente que lo que lo habría comprendido si nunca hubiera salido de la barca. Fue su disposición a arriesgarse a fracasar lo que le ayudó a crecer.

Más que aborrecer el fracaso, detestamos que otras personas nos vean fracasar. Si yo hubiera sido Pedro, habría intentado disimular lo que ocurrió al regresar a la barca con los otros discípulos.

Sir Edmund Hillary intentó varias veces, sin éxito, escalar el Monte Everest hasta que lo logró. Luego de uno de esos intentos, permaneció parado al pie de la gran montaña y sacudió su puño hacia ella: «Te venceré —dijo desafiante—. Porque tú no puedes ser más grande de lo que eres, *pero yo todavía estoy creciendo*».

Cada vez que Hillary intentaba, fracasaba. Y cada vez que fracasó, aprendió. Y cada vez que aprendió, creció e intentó de nuevo. Hasta que un día no fracasó.

Los que caminan sobre el agua aprenden a esperar en el Señor

Este relato sobre el riesgo trata también acerca de la espera. Los discípulos tuvieron que esperar en la tormenta hasta la cuarta vigilia de la noche antes que Jesús se les acercara. Aun entonces, no es sino hasta el propio fin del pasaje que los discípulos reciben lo que estaban esperando: alivio de la tormenta. ¿Por qué Jesús no hizo que el viento cesara *antes* que Pedro saliera de la barca?

Tal vez porque ellos, como nosotros, necesitaban aprender algo acerca de esperar.

Debemos aprender a esperar en el Señor para recibir el poder de caminar sobre el agua. Debemos esperar en el Señor para que la tormenta desaparezca.

En algunas maneras, «esperar en el Señor» es la parte más difícil de confiar. No es lo mismo que «matar el tiempo». Es situarse a sí mismo con vulnerabilidad absoluta en sus manos.

Toda mi vida me ha encantado hablar. Aún no tenía dos años cuando memoricé el parlamento de mi hermana en una representación de la Escuela Dominical y exigí que me lo dejaran decir también. (Eso me contaron. Personalmente no recuerdo nada). En las encuestas, el miedo escénico es casi siempre el temor principal de la mayoría de las personas, inclusive más que el miedo a la muerte. Nunca entendí eso, dado que hablar en público se convirtió en una de mis fuentes de alegría.

Cuando comencé a predicar y enseñar, me percaté de que era una experiencia profundamente conmovedora. Tenía la percepción de que para eso nací. Que eso era parte de mi llamado.

Un domingo, en aquel tiempo, tenía como diez minutos de estar predicando cuando comencé a sentir mucho calor y mareo. Lo otro que recuerdo es que estaba en el piso con varias caras angustiadas asegurándose de que estuviera bien. Me desmayé a la mitad del sermón.

Después de un año de estudiar en el extranjero, regresé a la misma congregación. La próxima vez que prediqué me ocurrió lo mismo. A los diez minutos me desmayé.

Lamentablemente para mí, se trataba de una iglesia bautista, no una carismática. No era el tipo de congregación en el que se te da crédito por este tipo de cosas. Nadie lo interpretó como que fui «tomado en el Espíritu». Cuando eres bautista, desmayo es desmayo. Eso incrementó la asistencia por un tiempo, como lo que sucedería con la posibilidad de que ocurriera un accidente en las 500 millas de Indianápolis: la gente no espera precisamente que algo así suceda, pero no quieren perdérselo si ocurre.

Gente bien intencionada ofreció toda clase de consejos: «Solo necesitas esforzarte mucho para relajarte y confiar más». ¿Alguna vez has intentado *esforzarte* para relajarte?

Ese verano tenía muchos compromisos para predicar. El pastor principal de la iglesia, que estaba en su año sabático, ofreció dejarme libre para conseguir algunas predicaciones.

Sin embargo, de alguna manera, sabía que si no me levantaba a hablar el fin de semana siguiente, no iba a ser más sencillo para mí. Le pedí a Dios que me quitara el miedo de que ocurriera otra vez. Pero no lo hizo. Recordé el pasaje de Isaías:

Aun los jóvenes se cansan, se fatigan,
y los muchachos tropiezan y caen;
pero los que confían en el Señor
renovarán sus fuerzas.

Así que me levanté y prediqué. No fue un gran sermón, aunque la congregación estaba alarmada y atenta. No fue nada dramático, lo hacen cada domingo miles de hombres y mujeres alrededor del mundo. Pero lo hice hasta el final y ese fue un triunfo personal.

Si no predico, no conoceré otra vez el regocijo de hacer lo que creo que Dios me llamó a hacer. Así que sigo aprendiendo a esperar.

Caminar sobre el agua brinda una conexión más profunda con Dios

Jesús todavía busca gente que salga de la barca. ¿Por qué arriesgarse? Creo que hay muchas razones:

- Es el único camino al crecimiento verdadero.
- Es la forma en la que se desarrolla la fe verdadera.
- Es la alternativa al aburrimiento y estancamiento que causa que la gente se marchite y muera.
- Es parte de descubrir y obedecer su llamado.

Pienso que hay muchas buenas razones para salir de la barca. Pero hay una que supera a todas las demás: *En el agua es donde está Jesús*. Porque Pedro salió de la nave es porque él y sus amigos llegaron a comprender profundamente a su Maestro como nunca. Se percataron, más que nunca, que podían confiar sus destinos en sus manos.

Entendieron que aquel en su barca era el único que apacigua las olas del mar, y lo adoraron.

¿Y qué contigo? ¿Cuándo fue la última vez que saliste de la barca?

Tal vez hubo un tiempo en tu vida cuando caminabas sobre el agua con cierta normalidad. Una época cuando tu corazón era muy semejante al de Pedro: «Mándame que vaya a ti». Un tiempo en el que te arriesgaste a expresar tu fe aun cuando implicara rechazo; a dar, aun cuando significara sacrificio; a servir, inclusive cuando te planteara la posibilidad de fracasar. Algunas veces te hundiste. Otras remontaste el vuelo. Pero viviste al borde de tu fe.

Pero si sales, creo que ocurrirán dos cosas. La primera es que CUANDO FRACASES, y vaya que fracasarás algunas veces, JESÚS ESTARÁ ALLÍ PARA LEVANTARTE. NO FRACASARÁS SOLO.

Te darás cuenta de que él todavía es completamente suficiente para salvar.

Y la otra cosa es que, de vez en cuando, caminarás sobre el agua.

CAPÍTULO 2

Pedro bajó de la barca y caminó sobre el agua
en dirección a Jesús. MATEO 14.29

BARCADICTOS

*A las tristes almas de aquellos que vivieron sin
merecer alabanzas ni vituperio ... que no fueron ni
rebeldes ni fieles a Dios, sino que vivieron para sí.*

Dante Alighieri

Cada vez que se otorga un regalo o don, quien lo recibe debe elegir uno de dos caminos. El primero destaca
que *El regalo o don estan valioso que no puede ponerse
en riesgo.* Quienes eligen este camino se dan cuenta de
que cuando el regalo es puesto fuera de su empaque, es
posible que no todo resulte bien. Puede ser a veces usado mal. No ser admirado por los demás de la manera
que queremos. Hasta puede romperse. Sacarlo de la caja
siempre lo expone a un riesgo.

El segundo camino afirma que *El regalo o don es tan
valioso que debe exponerse al riesgo.* Quienes eligen
este camino entienden que si el obsequio no se saca de
su empaque, nunca será utilizado. Dejarlo dentro de su
envoltorio frustra el deseo de quien lo da. *No hay tragedia
mayor que la de un regalo o don que se queda sin abrir.*

A ti también se te ha otorgado un regalo o don. Veremos en el siguiente capítulo cómo descubrir qué es lo que está dentro de su empaque, es decir, cómo discernir lo que Dios te obsequia y a lo que te llama. Pero ahora quiero invitarte a hacerte una cruda autoevaluación. Junto con el regalo, se te da la alternativa de abrirlo o no. ¿Qué camino seguirás, el primero o el segundo?

Pedro escogió el segundo. Dale Bruner escribe: «Es importante notar que Pedro no le pidió a Jesús una *promesa* (por ejemplo: "Jesús, prométeme que no me hundiré"), sino una *orden*: "Señor, si eres tú … mándame"». Pedro no solicitó una garantía, solo una oportunidad.

Los discípulos que se quedaron en la barca siguieron el primer camino. No querían arriesgarse al quebranto o al fracaso. Apreciaron más la seguridad antes que el crecimiento. El Señor quería pasar a su lado para revelarse en todo su osado esplendor, ¡no pasarlos por alto! La máxima aventura de fe era algo que querían presenciar desde la barrera. No querían que Él les pasara al lado, querían dejarlo pasar. Ellos representan a todos los que piden una promesa en vez de una orden y que buscan una garantía en lugar de una misión.

Entendieron el costo de salir de la barca. Estaban muy conscientes del dolor del potencial fracaso, de la vergüenza, la incomodidad, la crítica y quizá hasta de la muerte.

Pero no estaban muy conscientes de otra cosa: el costo de quedarse en la barca.

El alto costo de la barcadicción

Si tengo que ponerle un nombre con un solo término al precio que pagas por ser barcadicto, la palabra que debería ir en la etiqueta es *crecimiento*.

Piensa en la emoción de los padres de un niño que dice su primera palabra. Ayer apenas podía llorar o balbucear, hoy se une a las filas de los que pueden hablar. Sus padres están emocionados.

Considera la sensación de logro en los líderes de una compañía que se está expandiendo, logrando su misión, ofreciendo oportunidades vocacionales a hombres y mujeres que ayer no las tenían. Presencian el milagro del *crecimiento*.

Por otro lado, hay pocas cosas más tristes que el estancamiento.

No hay mucha gente que planee sus vacaciones en el Mar Muerto.

Observa a un matrimonio que comenzó con esperanzas y sueños, pero que se ha estancado, en donde sus afectos se han enfriado y su intimidad desvanecido. En vez de darle nombre al problema, enfrentar su dolor y pedir ayuda, la pareja se resigna a una vida mediocre, coexistiendo como extraños cercanos.

Es un camino que conduce al anquilosamiento: el potencial nunca explotado, los anhelos no satisfechos. Conduce a la sensación de que «No estoy viviendo *mi* vida, la que se supone debería vivir». Conduce al aburrimiento.

No hay tragedia más grande que la de un regalo o don que se queda sin abrir.

Es como si hubiera vivido la mitad de mi vida esperando a que comenzara, pensando que está en algún lugar del futuro. Como lo señala obsesivamente Thoreau: «No quise vivir lo que no era vida... Quise vivir profundamente y absorber toda la esencia de la existencia».

Para que sirviera de despertador a todos los barcadictos potenciales, Jesús una vez relató una historia acerca de un ejecutivo y sus tres empleados. A cada uno de ellos se les dio una generosa oportunidad. Como a Pedro. Como a ti y a mí. El Señor quiso pasarles al lado. Cada uno de ellos tenía que decidir lo que iba a hacer.

Jesús nos enseña tres principios acerca del amo —de Dios y de la oportunidad que nos ofrece— que debemos entender si es que vamos a recibir su regalo o don.

Él es el Señor del regalo o don

En aquellos días no había empresas como las conocemos hoy. La riqueza se concentraba en unas cuantas familias.

Esta historia trata acerca de una de ellas. El patrón reunió a tres empleados clave y «les encargó sus bienes».

El Señor habla de grandes sumas de dinero. El patrón dio al primer siervo cinco talentos, dos al segundo y uno al tercero. Un talento era la manera de expresar una suma de dinero equivalente a quince años de salarios. En ese tiempo, la gente vivía al día y, por lo tanto, acumular un año completo de salario significaba una enorme riqueza.

Kenneth Bailey escribe en su gran comentario sobre esta parábola, *Poet and Peasant*, lo claro que le resulta a este primer siervo lo increíble que es la oportunidad. Es la ocasión para todos ellos de poner en práctica la iniciativa, hacer uso del discernimiento, probar sus habilidades en el mercado y elevarse potencialmente a posiciones de mayor responsabilidad. Lo más probable es que hubiera un arreglo implícito para compartir con ellos también las ganancias.

Jesús relata la historia de los talentos porque el señor del regalo ofrece la oportunidad de la vida. Hasta ese momento, los siervos simplemente obedecían las órdenes de alguien más. Sus vidas eran rutinarias, predecibles y seguras. Tenían poca autoridad, pocos recursos y responsabilidad limitada. De repente, en un solo acto, el patrón cambia sus destinos para siempre. Tal vez el primer siervo dijo algo como lo siguiente:

Pensé que toda mi vida estaría condenada a la rutina. Tenía sueños, pero no podía alcanzarlos; pasiones, pero no podía seguirlas; talentos, pero no podía ponerlos a prueba. Nunca estuve en una posición para planear, correr riesgos o ejercer la iniciativa. Mi vida era cómoda. No sufría hambre, pero anhelaba algo más. Quería hacer una diferencia.

Y justo cuando estaba a punto de abandonar la esperanza, el patrón hizo algo que nunca escuché antes que alguien hiciera. Me llamó a su oficina, me hizo un guiño desde su escritorio y me encargó una gran parte de lo que le pertenece. Me pareció increíble que tuviera tanta fe en mí. Esta oportunidad es tremenda. Me siento como un caballo pura sangre que es liberado para correr.

El primer siervo se percata de que le han ofrecido la oportunidad de su vida. Esto explica un detalle muy importante en la historia, esto es, el por qué Jesús dice que el primer empleado respondió «en seguida». Este empleado se da cuenta de que sería una locura permitir que cualquier cosa interfiriera. Responde al instante porque si alguien te ofrece un asiento de primera fila en la bolsa de valores, no te pregunta si tal vez pienses en alguien más.

«En seguida» no es tanto un detalle cronológico como una afirmación de que reconoces la realidad. El primer siervo se da cuenta de que, mientras viva, no tendrá otra oportunidad como esta. No se desviará ni distraerá. Jesús enseña lo mismo con todo aquel que se aferra de lo que Dios ofrece.

En vez de la palabra *talento*, puedes pensar en tu vida.

Tu mente. Tus habilidades. Tus dones espirituales. Tu cuerpo. Tu dinero. Tu voluntad.

En efecto, el significado de la palabra *talento* procede de esta misma historia.

Él ha sido muy generoso, el señor del don. Él se ofrece a sí mismo como el mejor don que podamos recibir.

Todos los seres humanos, incluidos tú y yo, entregamos nuestras vidas a algo. Entre este y tu último día, se la entregarás a algo. La única pregunta es: ¿A qué le entregarás tu vida? ¿Valdrá la pena?

Permíteme ser más personal: Más vale que respondas *en seguida*.

La oportunidad para utilizar cualquier don tuyo al servicio del Señor del don es la oportunidad de tu vida. Pero se te resbalará de las manos a menos que lo pienses bien. El momento de responder es *en seguida*.

Pero el tercer siervo no hizo eso. Recibió el más grande de todos los dones que jamás recibiría y lo enterró en un campo. ¿Por qué haría algo así? ¿Qué hace que un ser humano deseche la oportunidad de su vida?

Él es el Señor de las cuentas claras

Esto nos lleva a una segunda verdad acerca del amo. De alguna manera, el tercer siervo olvida un hecho muy importante de la vida. Olvida que el señor del don regresará. Y ese día llega. «Después de mucho tiempo volvió el señor de aquellos siervos y *arregló cuentas* con ellos».

Hay una extraña tendencia en los seres humanos a pensar que podemos evadir las consecuencias de nuestras acciones. ¿Has tratado alguna vez de usar la diplomacia para no responder a la consecuencia de una multa de tránsito? (*Sinceramente, oficial, pensé que el odómetro no servía*). ¿Alguna vez has tratado de disimular tu actitud con una excusa poco convincente respecto a tu retraso con un profesor, jefe o cónyuge? Esta tendencia comienza a edad muy temprana.

Me sorprende lo fácil que olvidamos eso. Hay tanta gente que culpa de su reticencia a salir de la barca a cualquier circunstancia externa:

- Yo desarrollaría mis dones totalmente si no tuviera un jefe que sofoca mi iniciativa.

- Buscaría otro trabajo, pero necesito el dinero (seguridad, familiaridad) de este.
- Me dedicaría más completamente al crecimiento espiritual, pero no tengo el tiempo para hacerlo.

Recibí un don. Puede que no sea mucho, pero es mío por completo. Es todo lo que tengo. Me lo dieron a *mí*.

El señor regresará. Y les va a pedir cuentas a todos los ejecutivos, presidentes, primeros ministros, directores de programas noticiosos, madres, padres, plomeros, profesores, a ti y a mí.

Y preguntará: «¿Qué hiciste con lo que te di?»

No le preguntará a tu jefe o a tu cónyuge o a tus padres o a tus amigos. Te preguntará a ti.

Se me acerca una evaluación laboral que hará ver a cualquier otra que haya tenido como absolutamente intrascendente. Eso es lo que olvidó el tercer siervo, lo que le permitió justificar —al menos ante sí mismo— el haber enterrado su talento con tan poca preocupación.

Una comparación

En esta historia hay dos variables. La primera es que hay cantidades variables de dones. Un hombre recibe cinco, otro dos, un tercero recibe uno. En este detalle creo que Jesús simplemente refleja la vida tal y como la experimentamos. Algunas personas son talentosas en formas que serán visibles y admiradas en este mundo; otros en maneras que permanecen calladas y ocultas.

La variable de importancia es lo que cada siervo hace con lo que se le da. Aquí hay tres siervos porque Jesús quiere dejar minuciosamente claro que el tamaño del don no es la variable crucial. Aun cuando el primer siervo recibe un don mucho más grande que el segundo, el señor responde en forma idéntica a cada uno de ellos. Jesús quiere que entendamos que el nivel visible de talentos y el llamado no es lo relevante. A la larga, si soy una persona tipo «cinco talentos», «dos talentos» o «un talento» no es eso lo que cuenta.

Debo rehusarme a comparar mis talentos con los de cualquier otra persona.

La comparación me llevará al orgullo y a una falsa sensación de superioridad si voy delante de alguien. Si voy detrás, me hará miserable. O aun peor, no valoraré y enterraré el irremplazable tesoro que el Señor del don me ha dado solo a mí.

A fin de cuentas, Dios no te preguntará por qué no dirigiste la vida de alguien más o por qué no invertiste los dones de otra persona. No te preguntará: ¿Qué es lo que hiciste con lo que no tenías?

Pero sí te preguntará: ¿Qué es lo que hiciste con lo que tenías?

La comparación no es una excusa válida para enfrentar la tragedia de un regalo o don que se queda sin abrir.

Cuando el señor de las cuentas claras interpeló al tercer siervo, este le ofreció otra racionalización para su pasividad: «Sabía que usted es un hombre duro, que cosecha donde no ha sembrado y recoge donde no ha esparcido. Así que tuve miedo, y fui y escondí su dinero en la tierra». Quería una promesa de que nada saldría mal, no una orden para hacer lo que es correcto.

El temor hace que la gente sepulte el tesoro que Dios les da.

Acumulo posesiones porque temo al aburrimiento o a la inseguridad si no tengo muchas cosas.

El temor a la pobreza es lo que hizo que Jacob engañara a su padre.

Me atemoriza lo que ocurrirá si cuento la verdad. El temor me impulsa a mentir. Y no solo es engaño. Cuando la gente cuenta chismes, me uno a ellos porque, aunque sé que es incorrecto, temo ser aislado.

El temor hizo que los israelitas en el desierto menospreciaran el llamado de Dios y se preocuparan y clamaran por regresar a Egipto.

El temor a sufrir es lo que hizo que los discípulos abandonaran a Jesús.

¿Y qué fue lo que hizo a Pedro negar tres veces al Maestro? El temor hizo que estos discípulos traicionaran el valor más profundo de su mejor amigo en su hora de mayor necesidad.

Observa la mayoría del pecado, el tuyo y el mío, y debajo de él descubrirás temor.

En las Escrituras, cuando Dios llama a Moisés, Josué, Gedeón o Ester a hacer algo grande para él, el único y más grande impedimento que obstaculiza el camino es el *temor*.

Pero nos topamos con una gran sorpresa aquí. Cuando el siervo dice que el temor del patrón lo inhibió, el patrón no le contradice. El señor no le dice: ¡Me malinterpretaste! Si usas tu don o lo gastas realmente no me importa. Veo que esto es doloroso para ti y mi principal objetivo es que no sufras. Siento mucho haber mencionado esto. Sepultemos todo el asunto en el olvido.

Con una dosis de gracia, el señor pasa por alto la calumnia sobre su carácter. No le recuerda al siervo cuán generoso fue al principio, tanto que le dio la oportunidad de su vida. Dice, más bien:

En lo único que tienes razón es en esto: es importante para mí. Tu vida, lo que haces con lo que te di, es una cuestión de suprema relevancia.

Si eso es realmente lo que pensabas, al menos hubieras hecho algo. Habrías podido invertir el dinero y recibido intereses.

Jesús apunta al hecho de que esta racionalización es solo una cortina de humo y no una razón seria de sus acciones. Este hombre simplemente trata de evadir la multa de tránsito. Pero eso no ocurrirá, porque el amo es el señor de las cuentas claras, no puede ser evadido.

El temor no es una excusa válida para la tragedia de un regalo o un don que se queda sin abrir.

Uno de los más profundos aspectos de la historia es el hecho de que el siervo es juzgado no por hacer cosas *malas*, sino por no hacer *nada*. El siervo no robó, ni malversó, ni defraudó. Simplemente sepultó su talento.

Jesús utiliza dos palabras muy severas para describirlo: malo y perezoso. Nosotros ya no usamos mucho estas dos palabras juntas. Hoy día, difícilmente alguien podría admitir que es perezoso.

Cuando en una entrevista de trabajo se le pregunta a alguien sobre sus debilidades personales, ¿cuál es la respuesta inevitable? *Me exijo demasiado. Mis estándares son muy altos. Espero mucho de mí mismo(a), trabajo, trabajo, trabajo.* ¿Cuándo fue la última vez que escuchó decir a alguien: *Mi problema es que soy demasiado perezoso. Puedo quedarme meses sentado en el sofá, comiendo chocolates y mirando programas de concursos por televisión.*

La pereza como pecado espiritual no es lo mismo que la flojera física. La pereza puede coexistir con mucha actividad. En su esencia, la pereza es «la pérdida del significado, propósito y esperanza, acoplada con la indiferencia al bienestar de otros». Es lo opuesto al celo y gozo en el servicio a Dios.

Max DePree afirma que el potencial no aprovechado es un pecado muy serio. Esta es la historia del pecado de un potencial no aprovechado, la tragedia de un regalo o un don que se queda sin abrir. Por eso, la comodidad es una de las grandes tentaciones que la mayoría enfrentamos y que pueden obstaculizar que salgamos de la barca. ¿Quieres saber qué tan dedicados estamos a la comodidad? Esconde el control remoto en un hogar estadounidense promedio y observa qué sucede. La vida sin control remoto es una carga insoportable para la típica familia norteamericana. Por eso alguien inventó un televisor con alarma para que, al palmear tus manos, el control remoto suene hasta que lo ubiques.

Lo que es más patético de todo esto es que conozco gente que leerá este capítulo y lo único que se llevará de él es la idea de que *Tengo que comprar uno de esos televisores con alarma en el control remoto.*

Cuando los profesores quieren que los alumnos crezcan no les dan respuestas, ¡les dan problemas! (*Si un tren sale de Cleveland a las tres de la tarde, y viaja a una velocidad de 50 km/h...*) Es solo en el proceso de aceptar y resolver problemas que nuestra capacidad para pensar con creatividad mejora, nuestra persistencia se fortalece y nuestra autoconfianza se profundiza. Si alguien me da las respuestas, puedo obtener una buena calificación en un examen; pero no habré crecido. Nuestra mente y espíritu requieren del desafío para crecer exactamente como nuestros cuerpos no se fortalecen sin ser desafiados hasta el punto de un gran esfuerzo.

La comodidad no es una excusa válida para dejar un don o regalo sin abrir.

¿Cuál camino eliges?

Quiero que uses tu imaginación por un momento. Imagina que terminas tu vida y eres conducido a una habitación pequeña. Hay dos sillas en la habitación, una para ti y otra para Dios (la cual es bastante grande). Además hay una máquina reproductora de vídeo. Dios inserta una vídeocinta en la máquina. Tiene el nombre tuyo en la etiqueta y el subtítulo *Lo que pudo haber sido.*

Imagina ver todo lo que podía haber hecho con tus recursos financieros si hubieras confiado en la generosidad de Dios. Imagina lo que habría hecho con tus talentos si hubieras confiado en él lo suficiente como para correr riesgos. Imagina lo que habría hecho con tus relaciones si hubieras confiado en que él es totalmente verdadero y te ama por completo. Imagina lo que habría hecho con tu carácter si te hubieras atrevido a confesar tu pecado, reconocer la tentación y buscar el crecimiento.

Pero también sé que quiero que mi vida se parezca más a lo que Dios quiso que fuera. Sé que esta es mi única oportunidad y que quiero minimizar lo más posible la separación entre lo que será y lo que pudo haber sido. Sé que mientras viva no es demasiado tarde, porque cuento con este día. Sé que quiero pedirle a Dios órdenes, no garantías, porque cuando Dios ordena, capacita. (Respecto a la respuesta de Jesús a Pedro, San Jerónimo escribió: «Tú ordenas y las aguas son sólidas de inmediato»). Y sé que ese día habrá valido la pena.

Él es el Señor de la recompensa

Hay una última verdad acerca del patrón que Jesús quiere que entendamos. El Señor del don y el Señor de las cuentas claras también es el Señor de la recompensa.

Algunos aspectos de lo que dice el patrón son en gran medida lo esperado: ¡Hiciste bien, siervo bueno y fiel! ¡Imagínate recibiendo este elogio del Señor! Pero ahí hay una sorpresa también. El señor no dice: *Ahora puedes flotar sobre esponjosas y adorables nubes, y vivir en un lindo apartamento con muchísimas ventajas, y cantar en el coro que entonará los mismos cantos durante cientos de miles de millones de años.*

En lugar de eso, dice: «*En lo poco* has sido fiel; te pondré a cargo de *mucho más*».

¡Ahora es el momento de hacerte trabajar en serio! Recuerda que el señor le había otorgado al siervo una enorme cantidad de riqueza. Y aun así, todavía dice: «*En lo poco* has sido fiel». ¿Puede ser cierto que las más grandes riquezas que ninguno de los siervos había visto o imaginado antes equivalen a *poco*? A partir de esta historia de los talentos aprendemos que el cielo no será en lo absoluto semejante a una villa de descanso eterna. En efecto, el cielo será ese lugar donde finalmente disfrutaremos la plenitud de la aventura, de la originalidad y de lo fructífero para lo que fuimos hechos.

Así que, ¿por qué no tomar un momento para plantearnos algunas preguntas?:

- ¿Cuál es mi sueño más profundo?
- ¿Cuánta pasión experimento en mi vida cotidiana?
- ¿Con qué frecuencia corro riesgos que requieren de un poder más grande que el mío?

Puedes seguir a la deriva: levantarte, trabajar, volver a casa, cenar, ver televisión, jubilarte y morir.

O puedes detenerte cada momento y decir: «Señor, esto te pertenece».

Puedes tener pródigos talentos, recursos financieros, redes de contactos o capacidades que pudieran producir altos rendimientos para el Señor del don, pero estás sentado sobre ellos. Es hora de que entres al juego. El Señor del don puede tomar cinco peces y dos panes y alimentar multitudes. El Señor del don puede tomar a doce torpes seguidores y crear una comunidad que se esparza por todo el mundo con un sueño que se rehúsa a morir.

El puede tomar lo que tengas que ofrecer y hacer una diferencia que trascienda eternamente.

—Señor, si eres tú —respondió Pedro—, mándame que vaya a ti sobre el agua. —Ven —dijo Jesús. MATEO 14.28-29

DISCIERNE EL LLAMADO

Vivir significa ser tomado en cuenta.

Martin Buber

Un hombre se presenta ante las puertas perladas del cielo.

—¿Hiciste alguna vez algo de particular mérito? —pregunta San Pedro.

—Bueno, sí, creo que una cosa —contesta—. Una vez me topé con una banda de motociclistas cargados de testosterona que amenazaban a una joven. Les exigí que dejaran de molestarla, pero no me escucharon; así que me acerqué al motociclista más alto y con más tatuajes de todos. Le di una bofetada en la cabeza, derrumbé su motocicleta de un puntapié, le arranqué la argolla que colgaba de su nariz, la arrojé al piso y le dije: «Déjala en paz o te las verás conmigo».

San Pedro quedó impresionado:

—¿Y cuándo ocurrió eso? —preguntó.

—Hace un par de minutos —contestó.

Hay una gran diferencia entre fe y necedad. Históricamente, los comentaristas bíblicos han discutido si el deseo de Pedro por dejar la barca fue una expresión de devoción o un problema de control de impulsos. Calvino escribió que era una advertencia contra el «excesivo ímpetu» y el arriesgarse neciamente. Por otro lado, Crisóstomo, vio esta escena como el acto de amor de un discípulo. Escribió que Pedro no dijo con orgullo: «Hazme caminar sobre el agua», sino con devoción: «Hazme llegar a ti».

Pese a la forma en que lo veas, uno de los aspectos más sorprendentes de la historia que relata Mateo es que Pedro no salta de inmediato al agua. Él comienza pidiéndole permiso a Jesús. («Señor, si eres tú —respondió Pedro—, mándame que vaya a ti sobre el agua»).

La descripción de Pedro en Mateo deja muy claro que mantenía contacto con su impulsivo niño interior. Entonces, ¿por qué se detiene aquí a pedir órdenes antes de saltar de la barca?

Me parece que Mateo quiere que sus lectores entiendan un aspecto crucial acerca de caminar sobre el agua: El que controla la caminata sobre el agua es Jesús, no Pedro. No se trata de un poder a disposición del apóstol, el cual emplear a su antojo y para lo que quiera. Dios busca algo más que el puro ímpetu. En ocasiones, la gente hace decisiones precipitadas acerca de sus relaciones, finanzas o empleos, por ejemplo, y entonces las racionalizan con una pantalla de lenguaje espiritual. Por eso vale la pena considerar por un momento lo que no significa caminar sobre el agua.

Los científicos israelíes, en efecto, lo han identificado como el gen del riesgo. La gente catalogada como nerviosa y curiosa tienen una versión más larga de un gen conocido como D4DR, a diferencia de las personas reflexivas y tranquilas. Los tipo E se involucran en lo que se conoce como «deportes extremos»: montañismo, paracaidismo en el mar, salto en planeador y paracaidismo a baja altura.

La línea entre «No temerás» y «No serás ridículo» es a menudo muy fina y no se identifica con facilidad. Saber cuándo salir de la barca y correr un riesgo no solo exige valor; también requiere sabiduría para formular las preguntas correctas, discernimiento para reconocer la voz del Maestro y paciencia para esperar su orden.

Jesús no busca gente tipo E cuyas riendas son guiadas por el ímpetu. Él busca lo que podría ser llamado personalidad tipo C (caminante sobre el agua). Esto incluye el deseo de experimentar aventuras con Dios, el gen divino, del cual todos tenemos uno. Es parte de nuestro ADN espiritual. Se requiere tanto del valor para correr riesgos como de sabiduría para saber qué riesgos correr.

El llamado, un reflejo de la imagen de Dios

Iniciamos esta discusión con una pregunta teológica: ¿Qué es lo que Dios hace durante todo el día?

Si tuvieras que responder a esa pregunta con una sola palabra, ¿qué dirías?

Los escritores bíblicos dicen lo que Dios hace en una sola palabra: trabaja.

Leland Ryken asevera que el cristianismo es bastante singular respecto a esto. Los antiguos griegos, por ejemplo, pensaban que sus dioses estaban más allá del trabajo. El Monte Olimpo era algo así como el centro vacacional Palm Springs en donde, además de arrojar uno que otro rayo, Zeus y sus asociados vivían en Ociolandia. En contraste, las líneas iniciales de Génesis están repletas de la obra de Dios: separa la luz de las tinieblas, forma los cuerpos celestes y el cielo, reúne las aguas y forma cuerpos humanos a partir del polvo de la tierra.

Después del sexto día, Dios no descansa. El salmista deja bastante claro que el universo no es dirigido por necesidad mecánica; es dirigido por Dios.

> Tú haces que los manantiales viertan sus aguas
> en las cañadas...
> Desde tus altos aposentos riegas las montañas;
> la tierra se sacia con el fruto de tu trabajo.
> Haces que crezca la hierba para el ganado,
> y las plantas que la gente cultiva...
> ¡Oh Señor, cuán numerosas son tus obras!

Dios está particularmente activo trabajando con la gente. El salmista afirma que el Dios de Israel no «se adormecerá ni dormirá», sino que siempre protege y guía a su rebaño.

Cuando Jesús vino a la tierra, vino a trabajar. En efecto, la mayor parte de su vida adulta trabajó como carpintero. Él no deja duda de que trabaja al decir: «Mi Padre hasta ahora trabaja, y yo trabajo».

Se describe a Dios en la Biblia con muchas metáforas que implican trabajo: es jardinero, artista, alfarero, rey, constructor y edificador de casas.

«El Dios de la Biblia —escribe Paul Minear—, es eminentemente trabajador» formó al hombre del polvo de la tierra, y sopló en su nariz hálito de vida, y el hombre se convirtió en un ser viviente».

¡Tú eres una obra de arte de Dios!

Si alguna vez alguien, tal vez tu jefe o cónyuge, te ha dicho con sarcasmo: «Vaya obra de arte que eres», eso es literalmente cierto. Y debido a que fuiste hecho a imagen de Dios, fuiste creado para trabajar. Fuiste hecho para crear, dirigir, estudiar, organizar, sanar, cultivar o enseñar.

Quiero invitarte a dar un paseo.

La Biblia es, entre otras cosas, una lista de inolvidables paseos. El primero lo hizo Dios mismo quien, se nos relata, solía caminar en el jardín de Edén al aire del día. Sin embargo, como regla general, Dios le pidió a la gente que caminara con él.

Así tenemos la ardua caminata de Abraham con su hijo rumbo a Moriá. También tenemos la marcha libertadora de Moisés y los israelitas a través de un sendero normalmente ocupado por el Mar Rojo y su frustrante avance en círculos durante cuarenta años por el desierto. Hubo, además, la marcha triunfal de Josué alrededor de Jericó, la reveladora caminata de los discípulos a Emaús, el viaje interrumpido de Pablo hacia Damasco

Pero quizá el más inolvidable recorrido fue el que dio Pedro el día que salió de la barca y caminó sobre el agua. Es inolvidable no tanto por donde estaba caminando sino por con quién estaba. En este libro, deja que Pedro sea una invitación a todos los que como él, quieren caminar en la fe, quien quiera experimentar algo más del poder y la presencia de Dios. Existe un patrón consistente en las Escrituras de lo que sucede en una vida que Dios quiere utilizar y mejorar:

- Siempre hay un llamado
- Siempre hay temor.
- Siempre hay consuelo. Dios promete su presencia.
- Siempre hay una decisión. A veces, como con Moisés y Gideón, la gente dice sí al llamado de Dios.

Otras veces, como con los espías temerosos o el joven, rico, gobernante que habló con Jesús, dicen que no.

- Siempre hay una vida transformada. Los que dicen no también cambian. Se vuelven más duros, un poco más resistentes a su llamado, tienden a decir no la próxima vez.

Creo que este patrón de las Escrituras continúa hoy. Gregg Levoy escribe que, en la Escritura, Dios a menudo llama a los profetas repitiendo su nombre: «Abraham, Abraham. Jacob, Jacob. Moisés, Moisés». Una vez no siempre es suficiente.

Entonces, ¿cómo hacen los seres humanos ordinarios para descubrir su llamado?

Toma en serio tu llamado

Dios no trabaja así. Él no hace partes de repuesto. *Tú* no eres un repuesto. Tienes un propósito, un diseño esencial para el sueño de Dios con la humanidad. Antes que nada, y de acuerdo a la Escritura, somos llamados a conocer a Dios y a ser sus hijos. Somos llamados a vivir en la realidad de su reino y para que Cristo se forme en nosotros.

John Belushi y Dan Ackroyd protagonizaron la película *The Blues Brothers*. Interpretaron a una pareja de exconvictos con aspiraciones de músicos que trataban de reunir fondos para un orfanato. Cada vez que les preguntaban acerca de cuál era su trabajo, tenían una respuesta igual: «Estamos en una misión que nos encargó Dios». Daban esa respuesta como si en verdad la creyeran. La sola idea de que dos indignos e ineptos seres humanos pudieran estar en una misión de parte de Dios era, por supuesto, la broma central de todo el guión.

He aquí la historia de tu vida: Estás en una misión de parte de Dios.

Puedo responder a mi llamado con ligereza. Puedo vivir libre del temor a fracasar sin preocuparme cómo ven otros mi carrera, sabiendo que mi salvación y valor como persona no depende de mi título laboral.

Pero lo que hacemos es inmensamente importante. Vale la pena dedicarle lo mejor de nuestra energía. *Estamos en una misión de parte de Dios.*

Honra tu materia prima

Además de tomar el llamado en serio, discernirlo requiere de uno de los más grandes desafíos de autoexploración y análisis que un ser humano pueda enfrentar. El llamado casi nunca es fácil de descubrir.

Toda la idea de un llamado se toma de la Escritura, en la que, una vez tras otra, Dios llama a alguien a llevar a cabo su obra. Toda la idea del llamado se resume en que hay uno Quien llama, y uno a quien se llama.

Parker Palmer, un educador y escritor cuáquero, nos da un pensamiento más: «Todo en el universo tiene una naturaleza, lo que significa tanto límites como potencial». Uno de los intereses del artista y artesano es saber cómo discernir la naturaleza del material con el que se trabaja. Los grandes escultores pasan tiempo estudiando la pieza de mármol antes de usar el cincel; También tú tienes una naturaleza con tus propios límites y potencial. Frederich Buechner escribió que el llamado es «el lugar donde tu satisfacción profunda se encuentra con la necesidad del mundo». No es difícil adivinar dónde yace la necesidad del mundo. ¡Está en todas partes! Lo que resulta más difícil de lo que esperas es descubrir dónde yace su satisfacción más profunda. ¿Qué trabajo te produce alegría? ¿Por qué sientes anhelo y pasión, pues estos también son dones de Dios? Esta es la razón por la que ser talentosos tiene que ver con más que solo talentos, también incluye *pasión*. Como afirma Arthur Miller: «Es el impulso vital de una persona, la canción que su corazón anhela cantar, la carrera para la que sus piernas nacieron para correr... Hay una energía asociada al talento. Dale a una persona la oportunidad y esta te sacudirá».

Una de mis imágenes favoritas sobre la «profunda satisfacción» que Dios pretende para su creación está en el Salmo 19, en donde el salmista indica: «Dios ha plantado en los cielos un pabellón para el sol. Y éste, como novio que sale de la cámara nupcial, se apresta, cual atleta, a recorrer el camino». El hombre fuerte, sabe que va a ser puesto a prueba y forzado; sabe que le costará todo lo que tiene. También el profesor, el líder de negocios, el escritor, el jardinero, el contador, la enfermera y el mecánico.

Eso no significa que seguir un llamado siempre traiga sentimientos de gozo. A menudo significa la decisión enérgica de obedecerlo con una difícil tarea, aun cuando sería más fácil abandonarlo. Pero aun esto otorga cierta satisfacción cuando sé que he sido capacitado y adecuado por Dios para la tarea. *Que hable tu vida*, el maravilloso libro de Parker Palmer, tiene mucho que decir acerca del descubrimiento de nuestra propia vocación. Palmer escribe acerca del tiempo en el que, debido a su creciente importancia en los círculos educativos, se le ofreció la presidencia de una institución. Eso hubiera significado un incremento en su sueldo, estatus e influencia; desde el punto de vista profesional, era una decisión que no necesitaba pensarse.

Pero los cuáqueros tienen una costumbre por la que, cuando se enfrentan a una decisión importante acerca de un llamado, reúnen a media docena de amigos para que les sirvan como «comité de claridad». Este comité se reúne básicamente para plantear preguntas a fin de discernir el llamado de Dios con más claridad. Por poco tiempo las preguntas fueron fáciles: cuál sería la visión de Parker para la escuela, para qué misión serviría en la sociedad, etcétera. Pero luego, alguien formuló la que parecía una pregunta muy sencilla:

—Parker, ¿qué es lo que te gustaría si llegas a ser presidente?

Por raro que pareciera, Parker tuvo que pensar al respecto por un momento.

—Bueno, no me gustaría toda la política involucrada; no me gustaría tener que dejar mis estudios y enseñanza; no me gustaría tener que hacer campañas para reunir fondos...

—Sí —le recordó el interrogador—, pero la pregunta es ¿qué es lo que te *gustaría*?

—Ya casi llego a eso —dijo, irritado, y procedió entonces a mencionar varias cosas negativas más—. No me gustaría tener que cancelar mis vacaciones de verano; no me gustaría...

«Finalmente —dijo, con la voz más baja que pudo—, creo que lo que más me gustaría es ver publicada en el periódico mi fotografía con la palabra "presidente" abajo».

Si Palmer hubiera aceptado el trabajo, piensa en qué resultados habría tenido en su vida: fatiga, desánimo, pérdida del gozo, falta de energía y un sentimiento de incapacidad.

«No puedes elegir tu llamado —afirma Palmer—. Debes dejar que hable tu vida».

Quizás fuiste creado para aprender y, con tu aprendizaje, beneficiar a otros. Te darás cuenta de que te atrae la lectura, la reflexión, la escritura y la enseñanza. Pero si estás convencido que debe ser un éxito corporativo para que tu vida valga la pena, cosecharás la siembra del grano que es tu vida. No dejarás que tu vida hable.

Tal vez eres una mujer a la que le encanta dirigir equipos, hacer sonar trompetas y sitiar montañas. Pero si se te ha dicho que las mujeres no deben hacer tales cosas, que debes permanecer en el traspatio, entonces sepultarás los talentos que te otorgaron. No dejarás que hable tu vida.

Es muy importante distinguir entre lo que me encanta hacer por hacerlo de lo que puedo querer hacer por las recompensas que me traerá.

La decisión de dejar que hable nuestra vida, algunas veces, ha deletreado la diferencia entre fracaso y grandeza. La biografía de Ulysses Grant, que escribió William McFeely, describe a un hombre que era magistralmente adecuado para el liderazgo y la literatura (sus *Memorias* son un clásico de la literatura militar) pero terriblemente incapacitado para los negocios y la política. En su final y extraordinario discurso sobre el estado de la Unión, se disculpó por su ineptitud: «Fue mi fortuna o infortunio, ser llamado al cargo de jefe ejecutivo sin tener capacitación política previa».

Pero, entonces, ¿por qué este héroe de la Guerra Civil hizo un esfuerzo tan grande por un trabajo que ni disfrutó ni entendió? «Su necesidad personal fue retener el inmenso respeto que tenía en todo el norte... Quería ser de importancia para un mundo que le había observado toda su vida. Todo lo que necesitaba era un poco de reconocimiento, que se entendiera un poco que él sabía lo que hacía. Quería ser tomado en cuenta». No amaba su trabajo en realidad. Fue como si solo hubiera deseado ver su fotografía en el periódico con la palabra *presidente* escrita abajo.

Cuando no honro mi materia prima, la realidad se convierte en mi enemiga. Cierro mis ojos y oídos a todas las indicaciones de que estoy tratando de hacer algo para lo que no estoy llamado o dotado. Sin embargo, bajo la superficie, estoy condenado a vivir en una ansiedad crónica y de baja categoría que me susurra que estoy tratando de ser alguien que no soy.

Si tengo el valor de reconocer mis limitaciones y las acepto, puedo experimentar una enorme libertad. Si me falta ese valor, seré prisionero de ellas. Algunas de mis limitaciones no me molestan mucho. Pero tengo algunas limitaciones que me duelen excesivamente. Pienso en algunas personas que conozco y que poseen mentes increíbles. Tienen una capacidad tan profunda para aprender y enfocarse que les permite hacer contribuciones duraderas a la búsqueda de la verdad y el conocimiento. Se sientan a la mesa de lo que el filósofo Mortimer Adler denomina la «Gran Conversación» de la raza humana. Yo era brillante como para que me fuera bien en la escuela y alcanzar cierto nivel de aprendizaje, pero nunca tendré una mente como esas. No me sentaré a esa mesa.

Mientras escribo estas palabras, recuerdo mis fracasos más decepcionantes. Después de muchos años, su memoria todavía tiene el poder de hacerme querer olvidarlos, ocultarme de ellos o tratar de racionalizarlos.

Pienso en los sueños que tuve con una iglesia que ayudé a fundar y que no llegó a ser lo que los que involucrados esperamos y oramos. Sé que, al menos en parte, mis limitaciones jugaron un papel en eso. Estoy convencido de que si encaro el reconocimiento de las limitaciones que me afligen más, hay un enorme gozo y libertad del otro lado.

Creo que cada uno de nosotros tiene experiencias similares, lo cual me hace pensar en las preguntas más importantes, aunque difíciles, que una persona debe plantearse: ¿Cuál es tu limitación más dolorosa? ¿Cuál es la limitación que te atemoriza más reconocer y aceptar? ¿En dónde evitas más ver la profunda verdad acerca de ti mismo?

Ensambla tu propio «Comité de Claridad»

De igual forma, uno de los mandamientos de la Escritura más difíciles de obedecer es la afirmación de Pablo a pensar de sí mismo «con moderación». Lograr una valoración precisa de mis pasiones, dones y limitaciones es uno de los grandes retos de la vida. En parte, este mandamiento requiere una tremenda conciencia propia. Pero también es muy probable que necesite un poco de ayuda de parte de otras personas para lograr vencer mis puntos ciegos.

Cuando pienso en el valor de recibir discernimiento de más de una persona, de un «comité de claridad», pienso en Bob Buford. Bob era un magnate de la televisión inmensamente exitoso que sintió el llamado de Dios para salir de una barca bastante cómoda. En palabras de su libro *Halftime* [Medio tiempo], él deseaba trasladarse del «éxito al significado». Él y su esposa, Linda, tuvieron una reunión prolongada con un consejero, que les ayudó a aclarar inmensamente su sentido de propósito. Luego, este consejero sugirió un paso muy cuestionable: «Venda su compañía e invierta el dinero en los proyectos ministeriales de los que me habló». Bob escribe:

Me quedé sentado ahí, impactado por las implicaciones de esta decisión. Linda no estaba menos impactada. Casi podía ver las imágenes típicas de ministros, misioneros y monjes pasándole por la mente. ¿Seríamos una pareja de filántropos que entregarían su dinero hasta que nuestra bolsa se vaciara? ¿Se nos pediría vestir como un ministro y su esposa?

Bob continúa explicando la forma en la que ensambló su propio comité de claridad (aunque él no usa ese lenguaje). Ellos lo ayudaron a ver que lo que más amaba y lo que mejor hacía estaba relacionado con el pensamiento estratégico y el liderazgo organizacional. Le ayudaron a discernir que, si vendía su compañía, perdería una plataforma que podría influir para hacer un gran bien. Lo ayudaron a percatarse de que sus pasiones y capacidades eran perfectamente adecuadas para ayudar a los pastores y líderes de iglesias a tratar con cuestiones de complejidad organizacional y efectividad de propósito. Hoy día, dirige un ministerio que desarrolla liderazgo para iglesias clave a través del país, *y le encanta hacerlo*. Pero si se hubiera apresurado a seguir las palabras de su primer consejero, si hubiera vendido su negocio y simplemente repartido los fondos, jamás hubiera experimentado la eficiencia o satisfacción que experimenta hoy.

En la costumbre cuáquera, un comité de claridad no se reúne para aconsejar. (Muchísima gente haría eso sin que nadie se lo pida). Y en realidad no necesitas gente que tenga su propia agenda para tu vida. La tarea básica de este grupo es simplemente hacer preguntas, escuchar con mucha atención y orar porque Dios haga claro su llamado para tu vida.

Haz «Sondeos de bajo costo»

Puesto que discernir un llamado requiere, por lo general, tiempo y paciencia y que la mayoría tenemos deudas por pagar, ¿qué hacer mientras estamos en nuestra búsqueda? Este proceso no son buenas noticias para los que quieren meter al horno de microondas todo, incluidas sus vocaciones. Podríamos estar tentados a comprometernos con mucha precipitación.

Una alternativa es lo que Bob Buford denomina «sondeo de bajo costo». La idea es conservar tu trabajo diurno, mientras pruebas las aguas de un nuevo llamado. Comienza por explorar tu efectividad en el área que crees que Dios puede estarte llamando. En el caso de Bob, el sondeo de bajo costo se inició conservando su posición como ejecutivo pero reuniendo a un grupo de pastores de iglesias numerosas para saber si se beneficiarían de la experiencia organizacional que él podía aportar. Además, Gordon Smith anota que el discernimiento honra las decisiones y los compromisos previos. Dios es un trabajador cuidadoso y no desperdicia ningún recurso.

Quizás para ti un sondeo de bajo costo incluiría una zambullida en una misión de corto plazo o comprometerte a enseñar en tu congregación o involucrarte como voluntario en el lanzamiento de un ministerio nuevo. Confía en el hecho de que hay un precedente bíblico para llevar a cabo un sondeo de bajo costo. Amós se posicionó en el negocio de la profecía pero conservó su puesto como pastor para apoyarse. Aparentemente, hasta Pablo mantuvo sus operaciones como fabricante de tiendas en modalidad de producción mientras plantaba iglesias.

El llamado a menudo implica sufrimiento

La gente a veces pone en términos muy románticos la noción de vocación. Recibir un llamado de parte de Dios no es lo mismo que dedicarse a la carrera ideal. Esta, por lo general, promete riqueza, poder, estatus, seguridad y grandes beneficios. El llamado, a menudo, es una historia diferente.

Dios llamó a Moisés: *Preséntate ante Faraón, el hombre más poderoso sobre la faz de la tierra. Dile que deje a su fuerza laboral salir sin indemnización para adorar a un Dios en el que él no cree. Luego, convence de huir al desierto a un pueblo tímido y testarudo. Ese es tu llamado.*

Y Moisés dijo: *Heme aquí. Envía a Aarón.*

Dios llamó a Jonás: *Dirígete a Nínive, la ciudad más corrupta y violenta del mundo. Diles a sus habitantes, que no te conocen a ti y no me reconocen a mí, que decidan entre arrepentirse o morir.*

Y Jonás dijo: ¿A qué hora sale la siguiente ballena en dirección contraria?

Dios llamó a Jeremías a predicar a un pueblo que no quería escucharlo. Fue muy difícil y Jeremías lloró tanto que desde entonces se le conoce como el profeta llorón.

Como norma, las personas de las que leemos en la Escritura que fueron llamados por Dios se sintieron bastante incompetentes. Cuando Dios llamó a Abraham a abandonar su hogar, o a Gedeón para dirigir un ejército, o a Esther para desafiar al rey, o a María para dar a luz al Mesías, su respuesta inicial nunca fue: *Si, puedo con ese reto. Creo que lo puedo manejar.*

La primera respuesta a un llamado «tamaño Dios» es, generalmente, el miedo.

Esto no significa que Dios nos llame en una manera que viole nuestra «materia prima». Cuando Dios llama, provee.

Sí significa, sin embargo, que solo el talento natural no es suficiente para honrar un llamado de parte de Dios. Necesitaré ideas, fortaleza y creatividad más allá de mis propios recursos para hacer lo que Dios me pide. Tendremos que ser Dios junto conmigo, llevándolo a cabo juntos. No somos llamados solo a trabajar para Dios. Somos llamados a trabajar con Dios.

Todos y cada uno de los que en la Escritura le dijeron «sí» a su llamado, tuvieron que pagar un alto precio. Será igual contigo y conmigo.

Carrera o llamado

El llamado, lo cual es algo que hago *para* Dios, es reemplazado por una *profesión*, la que amenaza con *convertirse* en mi dios. La carrera es algo que elijo para mí; el llamado es algo que hago para Dios.

Una carrera puede terminar con el retiro y con muchos «juguetes». El llamado no termina sino el día en que mueres. Las recompensas de una carrera pueden ser muy visibles, pero temporales. El significado de un llamado dura por la eternidad. Una carrera puede ser interrumpida por cualquier cantidad de eventualidades, pero un llamado no.

La Escritura está llena de relatos de personas que fueron forzadas a la esclavitud, capturadas, enviadas al exilio y lanzadas a prisiones. Las trayectorias de sus carreras no se veían muy prometedoras, pero llevaron a cabo su llamado en formas extraordinarias.

Algunas veces, bajo la providencia de Dios, el fin de una carrera es el inicio de un llamado. Y tú tienes un llamado. No eres una parte de repuesto, estás en una misión de parte de Dios.

—Ven —dijo Jesús. Pedro entonces bajó de la barca y comenzó a caminar sobre el agua en dirección a Jesús. Mateo 14.29

CAMINA SOBRE EL AGUA

Me fui al bosque porque deseaba vivir
deliberadamente... y no descubrir,
cuando muriera, que no viví.

Henry David Thoreau

En cierta forma, el clímax de la historia de Pedro viene a mitad del pasaje. Está contenido en una simple frase: *Pedro... comenzó a caminar sobre el agua.* Hay muchas otras partes en el relato, la tormenta, el miedo que tuvieron antes y el temor que le siguió, el fracaso y la crítica. Todas esas son partes importantes de la historia y aprendemos de ellas porque conocemos las tormentas, el miedo y el fracaso. Podemos ignorarlas o negarlas a nuestro riesgo.

Creo que durante esos momentos Pedro guardó recuerdos que se llevaría a la tumba: la sensación de que el agua en alguna manera se solidificó bajo sus pies; la intensidad del viento sobre su rostro; las miradas asustadas de los pasajeros de la barca al adelantárseles (un momento que apuesto que disfrutó inmensamente). Y creo que supo que este era el paseo de su vida.

Vale la pena arriesgarse

Me encanta leer cómo la confianza de Jesús contrastó con el miedo de sus discípulos. En una ocasión, en una barca diferente, azotó una tremenda tormenta. Jesús dormía una siesta al mismo tiempo que sus discípulos se convencían de que estaban a punto de morir. Cuando lo despertaron, el Señor no tenía miedo en absoluto. Simplemente se acercó a la borda y le habló al viento: «¡Silencio! ¡Cálmate!»

A la mayoría de la gente que conozco le gusta oír historias e ilustraciones acerca del poderoso Dios al que servimos. Pero aquí está el problema: Esa única información no es suficiente para crear seres humanos valientes.

La siguiente es una pregunta poderosa que escuché hace muchos años y que me ayudó a saber si estaba saliendo de la barca en cualquier área de mi vida: ¿Qué estoy haciendo que no podría hacer sin la intervención del poder de Dios?

Si le hubieran preguntado eso a Pedro, la respuesta sería muy simple y directa. Era claro que la única forma en la que Pedro podría permanecer a flote era si Dios tomaba el control de la situación. ¿Y qué contigo? ¿Existe algún desafío tan grande en este momento que no tienes esperanza de poder enfrentarlo sin la ayuda de Dios? Si no, considera la posibilidad de que no estás siendo desafiado con seriedad.

Si quieres caminar sobre el agua, tienes que estar dispuesto a mojarte los pies primero. Cuando me arriesgo a confesar un pecado a otra persona, descubro que Dios realmente honrará el hecho de que hable con la verdad; pero primero tengo que mojarme los pies.

Cuando me arriesgo a usar mi don espiritual, conozco el gozo de ser utilizado por Dios; pero primero tengo que mojarme los pies.

Dios les prometió libertad a Moisés y a los israelitas. Los libró de la mano de Faraón, pero primero tuvieron que actuar confiados. Tuvieron que marchar al Mar Rojo *antes* que lo separara.

Este patrón se repite en la Escritura una vez tras otra:

Naamán tuvo que lavarse siete veces en el agua *antes* de ser sanado de la lepra. Gedeón debió depurar a su ejército de treinta y dos mil hombres hasta llegar a trescientos *antes* de que Dios los librara de los madianitas. Los panes y los peces fueron entregados *antes* de ser multiplicados. La semilla debe ser sepultada en la tierra y morir *antes* de que pueda levantarse a una vida más grande y fructífera.

Si he de experimentar una mayor medida del poder de Dios en mi vida, el principio del primer paso normalmente estará involucrado. Por lo general, comenzará por mi actuar en fe, confiando lo suficiente en Dios para dar un paso de obediencia.

La manera en que la fe crece

Creo que una razón importante por la que Dios nos pide con frecuencia dar un primer paso se relaciona con la naturaleza de la fe y la manera en la que esta crece. La mayoría de la gente que conozco desea, al menos en ciertos momentos de su vida, tener más fe. Sé de personas que se atormentan por tener muy poca fe.

Cuando la gente lucha contra la duda, pueden llegarse a decir que tratarán con más ahínco de aumentar su fe. Pero la fe no es algo que puede adquirirse esforzarse más. Imagínate que alguien te dijera: «Me he percatado de que tengo dudas sobre el Old Faithful. No estoy seguro de que se pueda confiar en su actividad». ¿Qué le aconsejaría? ¡Seguramente no que «tratara de creer con más ahínco»! El mejor consejo para tal persona sería: «Solo quédate cerca del Old Faithful. Conócelo mejor». Y dado que Old Faithful es fiel, mientras mejor le conozca, más confiará en él.

Es igual con Dios. Nunca trates de tener más fe, simplemente conócelo mejor. Y ya que Dios es fiel, mientras mejor lo conozcas, más confiarás en él.

¿Cuánta fe necesito? No una sensación de total certidumbre. Solo la fe suficiente para dar un paso.

Extiende tu zona de comodidad espiritual

La mayoría de nosotros tiene lo que podríamos denominar nuestra «zona de comodidad espiritual», que es el área en donde nos sentimos más cómodos confiando en Dios. Cuando él nos llama a ir más allá de nuestra zona de comodidad espiritual, nos comenzamos a sentir nerviosos e incómodos.

Por ejemplo, nos sentimos cómodos hablando acerca de Dios con nuestros amigos de la iglesia, pero nos da nervio examinar nuestra fe con alguien que no es creyente. Podemos sentirnos cómodos en nuestro trabajo actual, pero ansiosos acerca de la posibilidad de algunos reajustes vocacionales. Podemos sentirnos con fe suficiente para orar por gente con la que estamos relacionados, pero realmente confrontarnos con alguien que se comporta mal con nosotros nos hace encogernos de miedo. Podemos discutir problemas pasados con suficiente tranquilidad, pero la idea de señalar con honestidad nuestros problemas presentes a un amigo de confianza nos hace huir.

Solo hay una manera de extender nuestra zona de comodidad y adquirir más que lo que la sola información no provee. Tenemos que seguir el Camino de Dios, lo que requiere dar un paso de fe.

¿En qué área Dios te está llamado a caminar sobre el agua? Déjame darte cuatro indicadores que te pueden ayudar a saberlo y te contaré también acerca de algunos caminantes sobre el agua de la vida real.

Indicador del temor

Con gran frecuencia Dios nos pedirá que salgamos de la barca en el momento en que tenemos temores, precisamente porque quiere que los superemos. De hecho, una de las aventuras espeirituales más emocionanates de la vida es ayudar a otro ser humano a encontrarse con Dios. ¿Qué es lo que nos impide salir de la barca evangelísticamente? La razón número uno es el temor. ¿Temor a qué? Según la historia las personas han arriesgado sus formas de vida y hasta su misma existencia por causa de su fe. En muchos lugares del mundo, los cristianos todavía lo hacen. Sin embargo, para la mayoría de nosotros, el peor caso es que la gente no querrá hablar sobre asuntos espirituales. Podemos experimentar una breve sensación de vergüenza o rechazo. Cuando preguntemos: «¿Te gustaría conversar sobre asuntos espirituales?», la otra persona podría decir: «No, creo que no. Hoy no. Gracias». Más o menos esa es la mayor cantidad de dolor que enfrentaríamos.

Por otro lado, imagina el potencial opuesto. Realmente podríamos ser parte de los propósitos redentores de Dios en la tierra.

Jeffrey Cotter relata una ocasión, un inolvidable viaje en avión, en el que se arriesgó. De regreso de una entrevista de trabajo y vestido con *blue jeans*, este pastor se encontró sentado junto a un hombre de negocios, lector de *Wall Street Journal*, con portafolio y traje tipo diplomático.

Cotter quedó impactado por el orgullo del hombre, su trabajo y sus logros. Se percató entonces de que, debido al temor, había permanecido esquivándolo durante todo el vuelo.

Observando con escepticismo la vestimenta de Cotter, Don Graduado en Finanzas le preguntó sobre su trabajo. Dejemos que Cotter lo cuente desde aquí:

—Qué interesante que tengamos semejantes negocios e intereses —le dije—. Usted está en el negocio de la transformación del cuerpo; yo, en el de la transformación de la personalidad. Aplico principios básicos teológicos para lograr la modificación esencial de la personalidad.

Pero, ¿tiene oficinas en la ciudad?

—Bueno, tenemos muchísimas oficinas. Por todo el estado. Es más, tenemos presencia nacional; tenemos al menos una oficina en cada estado del país, incluyendo Alaska y Hawái.

—De hecho, ya nos expandimos a nivel internacional. Y la administración tiene planes para establecer al menos una oficina en cada país del mundo para el final de esta era de negocios.

Hice una pausa y le pregunté:

—¿Su negocio tiene un plan semejante?

—Bueno, no. Todavía no —me respondió—. Pero usted mencionó a la administración. ¿Cómo hacen que todo funcione?

—Es una preocupación familiar. Un Padre y su Hijo... manejan todo.

—Debe costar muchísimo capital —comentó con escepticismo.

Mi amigo se acomodó en su asiento.

—¿Y qué de usted? —me preguntó.

—¿Los empleados? Somos todo un caso —le dije—. Tenemos un «Espíritu» que satura la organización.

¿Y le ofrecen buenas prestaciones?

—Son abundantes —contraataqué con un destello—. Tengo seguro de vida total y seguro contra el fuego, todo lo básico. Puede no creer esto, pero es cierto: Tengo la propiedad de una mansión que se está construyendo en este momento para cuando me retire. ¿Cuenta con eso en su negocio?

—Todavía no —respondió en tono melancólico. Comenzó a amanecer—. ¿Sabe qué?, hay algo que me incomoda. He leído muchos periódicos y revistas y, si su negocio es todo lo que usted dice que es, ¿por qué no he escuchado nunca acerca de él?

—Esa es una buena pregunta —le dije—. Después de todo, tenemos una tradición de más de dos mil años... ¿Quisiera asociarse?

Indicador de frustración

En algunas ocasiones, las personas de las que nos habla la Escritura fueron motivadas a confiar en Dios de maneras extraordinarias cuando se frustraron con el quebranto de un mundo caído.

David no pudo tolerar que un filisteo gigante pagano se burlara del Dios de Israel. Fue impulsado a arriesgar su vida en el nombre de su Dios.

Aun en el mundo de hoy, con frecuencia es en el momento en el que nos frustramos con la separación entre la realidad caída y nuestra conciencia de la voluntad de Dios que somos impulsados a actuar en una causa que es más grande que nosotros.

Un sobresaliente ejemplo de esto fue Henrietta Mears. La señorita Mears fue maestra de jóvenes solteros universitarios durante décadas en la Iglesia Presbiteriana de Hollywood. Ella fue una influencia formadora en la vida de una generación completa de líderes cristianos como Billy Graham, Bill Bright, el excapellán del Senado Richard Halverson y otros cientos más. Estaba frustrada por no poder proveer de material de primera calidad para educarlos, así que inició una pequeña empresa de publicaciones en su cochera. Esta se convirtió en la Editorial Gospel Light, una de las casas cristianas más eficientes de su tiempo.

Al final de su destacada vida, mientras yacía en su lecho de muerte, alguien le preguntó: «Señorita Mears, si tuviera que hacerlo todo otra vez, ¿haría algo de forma distinta?»

«Si tuviera que hacer todo otra vez, hubiera confiado más en Cristo».

Indicador de compasión

Toby fue el paje de anillos en nuestra boda. Se veía como un niño abandonado de una novela de Dickens, de enormes ojos azules, cabello rubio claro, piel color alabastro. Poco después de nuestra boda, la familia de Toby se mudó del vecindario y perdimos contacto. Muchos años después, un nuevo colaborador mío resultó ser buen amigo de la familia de Toby y nos dijo qué había sucedido con nuestro pajecito. Cuando Toby cursó la escuela preparatoria, escribió un ensayo acerca de la hambruna mundial y ganó un viaje de estudio por dos semanas y media en África con Visión Mundial.

Toby quedó impactado tanto por la belleza de Etiopía como por su rampante pobreza. Un día se encontraba en un campamento de distribución de Visión Mundial repartiendo comida y suministros y jugando con algunos los niños de la zona. Cuando Toby y los otros miembros del personal de Visión Mundial estaban por irse, un niño de once años le tocó el hombro. El niño miró la camiseta de Toby. Luego miró su propia camiseta, sucia y llena de agujeros. Miró nuevamente la de Toby y preguntó tímidamente: «¿Me regalas tu camiseta?»

Mientras se alejaban, el peso de esa petición se posesionó de Toby y no lo dejó tranquilo. El recuerdo de esa escena lo persiguió por el resto del viaje. A todas partes donde iba, veía el rostro del niño. Organizó una colecta llamada «Dona la camiseta que te sobra». Comenzó recolectándolas de puerta en puerta. Convenció a gerentes de algunas tiendas para que colocaran depósitos para recolectar las camisetas. Lo siguiente que Toby supo fue que recolectó más de diez mil camisetas.

Pero entonces se enfrentó a otro problema. ¿Cómo transportar dos toneladas de camisetas de Michigan a Etiopía? Llamó a una organización de apoyo tras otra contándoles su historia. Siempre recibió la misma respuesta: «Nos gustaría ayudar, pero es demasiado costoso».

A fin de cuentas, Toby entró en contacto con una organización denominada Grupo de Apoyo del África del Sub-Sahara. Y ocurrió que ellos estaban enviando un cargamento de provisiones a África y estuvieron de acuerdo en incluir las camisetas. Solo había un obstáculo: Podían llevarlas solamente a un país. «¿Está bien —preguntaron— que solo podamos llevarlas a Etiopía?»

Indicador de oración

Una de mis aventuras de oración favoritas tiene que ver con Doug Coe, que dirige un ministerio en Washington, D.C., que involucra mayormente a gente de la política y el estado. Doug conoció a Bob, un agente de seguros que no tenía conexión alguna con los círculos de gobierno. Bob se convirtió al Señor y comenzó a reunirse con Doug para aprender sobre su nueva fe.

Un día, Bob se emocionó completamente debido a la afirmación de la Biblia en la que Jesús dice: «...pidan lo que quieran, y se les concederá».

—¿Es eso realmente verdad? —exigió Bob.

Y Doug le explicó:

—Bueno, no se trata de un cheque en blanco. Tienes que verlo en el contexto de las enseñanzas de toda la Escritura respecto a la oración pero, sí, realmente es cierto. Jesús realmente contesta las oraciones.

—¡Genial! —dijo Bob—. Entonces voy a comenzar a orar por algo. Creo que oraré por África.

—Ese es un objetivo algo amplio. ¿Por qué no lo reduces a un solo país —recomendó Doug.

—Está bien. Oraré por Kenia.

—¿Conoces a alguien en Kenia? —preguntó Doug.

—No —simplemente quería orar por Kenia.

Así que Doug llegó a un acuerdo algo inusual. Retó a Bob a orar todos los días, durante seis meses, por Kenia. Si Bob hacía eso y no pasaba nada extraordinario, Doug le pagaría quinientos dólares. Pero si algo especial ocurría, Bob le pagaría a Doug los quinientos dólares. Y si Bob no oraba todos los días, todo el trato se cancelaba. Se trataba de un programa de oración bastante fuera de lo común, pero Doug es un tipo muy creativo.

Bob comenzó a orar y, por un largo tiempo, nada ocurrió. Pero entonces, una noche, estaba en una cena en Washington. Los convidados a la mesa explicaban cuál era su trabajo. Una mujer dijo que su trabajo era ayudar a dirigir un orfanato en Kenia, el más grande de su tipo.

—Obviamente, usted está muy interesado en mi país —le dijo la mujer a Bob, abrumada por su repentino alud de preguntas—. ¿Ha visitado Kenia?

—No.

—¿Conoce a alguien en Kenia?

—No.

—Entonces, ¿por qué tiene tanta curiosidad?

—Bueno, alguien está más o menos pagándome quinientos dólares por orar...

Ella le preguntó a Bob si le gustaría visitar Kenia y conocer el orfanato. Bob estaba tan ansioso de ir que hubiera viajado esa misma noche de ser posible.

Cuando llegó a Kenia, quedó horrorizado por la pobreza y la falta de cuidado médico básico. Al regresar a Washington, no podía borrar de su mente el lugar. Comenzó a escribir cartas a compañías farmacéuticas, describiendo la gran necesidad que había presenciado. Les recordó que cada año se deshacen de grandes cantidades de abastecimientos médicos que no se venden. «¿Por qué no enviarlos a este lugar en Kenia?», preguntó.

Y algunas de esas compañías lo hicieron. Ese orfanato recibió más de un millón de dólares en abastecimientos médicos.

La mujer telefoneó a Bob y le dijo: «Bob, ¡esto es asombroso! Nos han hecho donativos fenomenales por las cartas que usted escribió. Nos gustaría que nos visitara otra vez para celebrar con una gran fiesta. ¿Querría venir?»

Así que Bob volvió a volar a Kenia. Mientras estaba ahí, el presidente keniano asistió a la celebración debido a que se trataba del más grande orfanato del país y le ofreció a Bob llevarlo a un viaje a Nairobi, la ciudad capital. Durante la travesía, visitaron una prisión y Bob preguntó acerca de un grupo de prisioneros allí.

Se le dijo que se trataba de prisioneros políticos.

«Qué malo —dijo Bob con brillantez—. Deberían dejarlos libres».

Bob terminó el viaje y voló de regreso a casa. Tiempo después, recibió un telefonema del Departamento de Estado del Gobierno de los Estados Unidos de América:

—¿Es usted Bob?

—Sí.

—¿Viajó recientemente a Kenia?

—Sí.

—¿Le dijo algo al presidente acerca de los prisioneros políticos?

—Sí.

—¿Qué fue lo que le dijo?

—Le dije que debería dejarlos libres. Y lo hizo.

¿Y qué contigo? ¿Por qué estás orando? Dale seis meses. No te prometo quinientos dólares, pero te reembolsaré el costo de este libro. Y por otro lado, si algo extraordinario sucede, tienes que escribirme y contármelo.

CAPÍTULO 5

Pero al sentir el viento fuerte, tuvo miedo y comenzó a
hundirse. Entonces gritó: —¡Señor, sálvame! En seguida
Jesús le tendió la mano y, sujetándolo, lo reprendió:
—¡Hombre de poca fe! ¿Por qué dudaste? MATEO 14.30-32

FRENTE AL VIENTO

*Jesús prometió a todos los que le siguieran
solo tres cosas... que serían absurdamente
felices, que serían absolutamente audaces
y que siempre estarían problemas.*

Gregg Levoy

Valor firme [*UndauntedCourage*] es una crónica que
alcanzó un gran nivel de ventas y que escribió Stephen
Ambrose acerca de la expedición de Lewis y Clark. Después de dos años de batallar con problemas casi insu-
perables —como el hambre, la fatiga, la deserción, los
enemigos hostiles, las enfermedades severas y la muerte—, la expedición alcanzó el nacimiento del río Misuri.
Toda la información que recopilaron les hizo suponer
que, una vez que alcanzaran la línea divisoria continen-
tal de las aguas, deberían cargar su equipaje y suministros durante medio día para luego alcanzar las aguas
del río Columbia con el objeto de trasladarse a flote

hasta el Océano Pacífico. Estaban a punto de convertir-se en héroes. Ya habían pasado la parte difícil. O por lo menos eso creyeron.

Meriwether Lewis dejó atrás al resto de su expedición para escalar los acantilados que le permitirían ver el otro lado, esperando encontrar las aguas que los llevarían hasta su destino final. Imagina lo que sintió cuando, en vez de ver un valle cuyo acceso estuviera ligeramente inclinado, como esperaban, fue el primer estadounidense no indígena que posó su vista en ¡las Montañas Rocosas!

¿Qué harías si, pensando que tus peores problemas quedaron atrás, te dieras cuenta de que simplemente empezabas a entrenarte? ¿De qué forma convocarías a tus soldados?

A fin de cuentas, cruzar las Montañas Rocosas sería quizá el logro supremo de todo el viaje. Este desafío los forzaría a tener mucha creatividad y perseverancia; los llevaría a presenciar panoramas espectaculares y a que-darse con recuerdos inolvidables; les daría una tremenda confianza.

Pedro estaba a punto de convertirse en héroe. Ya había superado la parte difícil: salir de la barca. Domi-naba ya este asunto de caminar sobre el agua. Y enton-ces ocurrió lo inesperado: apareció la realidad. Mientras su entusiasmo inicial se apagaba, se dio cuenta de la gra-vedad de la tormenta. Sintió el viento.

A nosotros nos ocurre lo mismo.

Sentimos el viento. Enfrentamos obstáculos. Conflic-tos inesperados debilitan nuestros espíritus. Los planes salen mal. Las personas con las que contamos nos fallan. Precisamente cuando estamos esperando una navega-ción tranquila, aparecen las Montañas Rocosas frente a nosotros. ¿Qué ocurre luego?

En este punto es donde las cosas se ponen interesantes. Hay un campo de las ciencias sociales que explora lo que ahora se conoce como resiliencia. Los investigadores estudian a personas que han sobrevivido a sufrimientos traumáticos en los que la vida no ha sido lo que planearon. Algunos de los casos clásicos involucran a tres mil prisioneros de guerra que volvieron de Corea luego de sufrir «lavados de cerebro», quinientos cincuenta hombres que sobrevivieron al cautiverio en Vietnam y cincuenta y dos rehenes liberados luego de catorce meses de encarcelamiento en Irán. Otros estudios incluyen a sobrevivientes de campos de concentración de la Segunda Guerra Mundial, víctimas de accidentes que quedaron incapacitadas y niños provenientes de trasfondos muy problemáticos.

Estos estudios han demostrado que la gente, por lo general, responde a los problemas traumatizantes en dos maneras. Muchos son sencillamente vencidos por tales condiciones difíciles, como es lógico. Pero otros están marcados por la *resiliencia*, una condición por la cual aumentan verdaderamente su capacidad para lidiar con problemas y, a fin de cuentas, no solamente los sobreviven sino que crecen. ¿Qué es lo que hace la diferencia? ¿Cómo resistes frente a una tormenta? ¿Por qué las Rocosas estimulan con energía a algunas personas y vencen a otras?

Las respuestas se han concentrado en varios temas:

La gente con resiliencia —busca continuamente reafirmar algo de dirección y control sobre su destino en vez de visualizarse a sí mismos como víctimas— tiene una capacidad mayor que lo normal de lo que puede ser denominado valor moral, es decir, fuerza para rehusarse a traicionar sus valores —encuentra propósito y significado en medio del sufrimiento.

Para quienes buscan caminar sobre el agua con sabiduría, veremos tres cualidades que dieron una fe extraordinaria, Así que echemos un vistazo a un confrontador de tormentas y escalador de montañas que en la Escritura se conoce como José. Primero averiguaremos cómo se le presentaron las Rocosas. Luego veremos la forma en que tres cualidades le otorgaron una fe excepcionalmente fuerte.

Buenas noticias, malas noticias

Siempre me gustaron las narraciones del tipo que incluye buenas y malas noticias, en las que los detalles mantenían al relato yendo del triunfo a la tragedia una y otra vez.

La vida de José está a punto de convertirse en una historia de buenas y malas noticias.

José es el consentido de su papi: Eso es muy bueno.

Pero sus hermanos lo odian a muerte: Eso es muy malo.

Su papi le regala una hermosa túnica: Eso es muy bueno.

Sus hermanos, sin embargo, la hacen trizas, la cubren de sangre, aparentan su muerte y lo venden como esclavo en un país lejano: Eso es muy malo.

Se asegura un empleo en el equivalente a Silicón Valley con Potifar, esto es muy bueno.

La esposa de Potifar piensa que es muy guapo y trata de seducirlo. Esto es muy malo.

José se resiste. Muy bueno.

Pero la mujer se enfurece. Le miente a su esposo y hace que arresten a José. Como en Egipto no hay una buena legislación en el papiro sobre el acoso sexual, José está atrapado. Muy malo.

En la prisión, José conoce al mayordomo del Faraón, interpreta un sueño que predice que al mayordomo lo dejarán salir bajo libertad condicional y quedan de acuerdo en que este consiga la libertad de José. Muy, muy bueno.

Pero al mayordomo se le olvida y José languidece en la prisión. Muy, muy malo.

Nos preguntamos cómo terminará esto. Lo que importa en una historia de buenas y malas noticias es la última parte. ¿Cómo concluye? Si termina con malas noticias, todo lo bueno de antes es solo una cruel farsa que provee falsas esperanzas. Si termina con buenas noticias, la historia entera queda redimida.

la túnica

José vistió la túnica. Esta quería decir que él era el escogido, el hijo consentido. Significaba que jamás tenía que preguntarse si su papá lo amaba. Era la promesa de una vida encantadora.

En más de cien maneras, maneras de las que la mayoría de los padres no están conscientes pero que los hijos las pueden notar a un kilómetro de distancia, Jacob prácticamente transpiraba su favoritismo por José. Un día, sin embargo, este tomó una forma más concreta: Le dio a José una túnica.

La palabra hebrea que describe a este vestido es incierta, algunas traducciones la definen como «una vestimenta larga con mangas». La traducción griega del Antiguo Testamento, la *Septuaginta*, la define como «la túnica de diversos colores» y eso es lo que dice en otras versiones, por eso la imaginamos así la mayoría de nosotros.

José utiliza la túnica con mucha frecuencia, le hace sentir especial. La siente como una promesa, quizá, de que jamás estará solo, de que no será meramente «normal», de que siempre contará con la protección de su padre y de que se le evitarán los problemas que otros enfrentan. Pero cada vez que la usa, es un recordatorio para sus hermanos de que ellos jamás serán amados por su padre de la manera como ama a José. Cada vez que él la usa, ellos mueren internamente un poco.

Esa hermosa túnica se convierte en un manto mortal para la familia. Un día, sus hermanos deciden que no pueden soportarlo más; así que le arrancan la túnica a José y lo venden como esclavo. Apenas está al pie de la montaña; todavía no se acerca a las Rocosas. Los problemas de José empiezan. Está a punto de tener un lugar de primera fila para sentir el viento de frente.

Sueños poderosos

José no solo vistió la túnica sino que también tuvo grandes sueños acerca de su destino.

José les dice: Escuchen mi sueño. En un campo de gavillas, de repente se levanta la mía y se queda así y todas las de ustedes se reúnen alrededor de la mía y se inclinan. Esto quiere decir que un día voy a gobernar sobre todos ustedes. Yo ordenaré y ustedes se someterán. Ustedes se inclinarán expresando humildemente obediencia a mi autoridad. ¿No es genial? ¿No se alegran por mí? Vamos, juguemos ahora un poco de «gavilla, póstrate» para practicar.

El autor del relato deja muy en claro la respuesta de ellos: «Y lo odiaron aun más por los sueños que él les contaba». Un serio caso de envidia gavillera.

José tuvo luego otro sueño. Pensarás que, para ese momento, ya había aprendido a guardarse sus sueños. Sin embargo, está tan fascinado con estos que ese pensamiento, en apariencia, no le pasa por la mente.

Enfrenta la tormenta

Entonces, un día, José es atacado por sus hermanos, vendido a una caravana, llevado a una tierra lejana y comprado como esclavo por una familia que no conoce.

José sintió el viento.

De por sí ya es difícil salir de la barca cuando el viento está calmo y el agua tranquila. Pero en la vida real casi nunca es ese el caso. Tarde o temprano la tormenta golpea tu matrimonio, tu trabajo, tu ministerio, tus finanzas o tu salud. Es en el momento de enfrentar la tormenta que descubres lo que hay dentro de ti y cuando tienes que decidir.

¿Qué decisiones clave son las que la tormenta obliga a tomar?

La gente resiliente ejerce control en vez de rendirse pasivamente

Los rehenes y prisioneros de guerra que triunfaron sobre la adversidad, compartían un rasgo común: lograron reafirmar un sentido de control sobre su futuro. En vez de hacerse pasivos, concentraron la mayor atención que podían en cualesquiera de las posibilidades de control que les quedaban.

A través de regímenes de ejercicio, juegos, enviar mensajes, los prisioneros de guerra se recordaban que, aun cuando sus cuerpos estuvieran presos, sus espíritus no.

Muy lejos de casa, separado de su padre, traicionado por sus hermanos, secuestrado por traficantes de esclavos, rodeado de extranjeros, nos dice el autor que «el Señor estaba con él». Imagínate lo que ocurrió con su valor y confianza cuando descubrió que luego de que lo peor le había ocurrido, ¡todo terminaría en mejor! El

Señor estaba con José. ¡Después de todo, podía enfrentarse a las Rocosas!

Aunque no fuera su sueño, aun cuando parecía muerto, José se dedicó diligentemente a la tarea del día. Yo hubiera sido tentado a renunciar:

En la historia hay una progresión. Se nos dice que José estaba «en la casa», lo que significa que no era un simple jornalero del campo. Se le promovió para trabajar en la casa. Era parte de la administración.

Luego, el siguiente texto, dice: «José se ganó la confianza de Potifar, y éste lo nombró mayordomo de toda su casa», ahora es su asistente ejecutivo. Después, lo nombra su supervisor; José se convierte en el director ejecutivo de la totalidad de la operación. La confianza de Potifar es tan absoluta que ni siquiera piensa en hacer una auditoría. «Por esto Potifar dejó todo a cargo de José, y tan sólo se preocupaba por lo que tenía que comer».

Debido a que José no se dejó vencer, puso en movimiento el desarrollo de su potencial, la profundización de su fe y su fortaleza, lo cual un día le permitiría convertirse en el líder más eficaz de Egipto y llevar a cabo el papel que Dios quiso para él en el rescate de su familia y la redención del mundo.

¿Qué habría pasado si José hubiera vivido en un espíritu de resignación pasiva? No hubiera alcanzado su destino. Siempre es más fácil darse por vencido que resistir. Siempre es más fácil detenerse a comer una rosquilla que correr otra vuelta, o salir en estampida y furioso de una habitación en vez de quedarse y buscar resolver el conflicto.

Cuando la vida no va por el camino que uno la planeó, la opción de renunciar siempre comenzará a aparecer como un dulce alivio:

—«Este matrimonio es difícil, simplemente quiero dejarlo así. O, aun si no busco un divorcio total, me estableceré en la mediocridad. Dejaré de esforzarme».

—«Esforzarse por vivir bajo un presupuesto y honrar a Dios con el diezmo es demasiado difícil. ¡Me dedicaré a gastar!»

Creces cuando buscas o ejerces control donde puedes más que al renunciar en circunstancias difíciles. El crecimiento ocurre cuando decides ser totalmente fiel en una situación que no te gusta o que no puedes comprender. Ocurre cuando continúas caminando aun cuando sientas el viento. Entonces descubrirás que, de algún modo, no estás solo. Como estuvo con José, el Señor también está contigo.

Pero entonces se encuentra con problemas de otro tipo. La esposa de Potifar «empezó a echarle el ojo y le propuso: Acuéstate conmigo», lo cual no fue ningún acercamiento discreto. Eso nos lleva a otra encrucijada.

La gente resiliente continúa comprometida con sus valores cuando es tentada a menospreciarlos

Ahora José debe luchar contra la tentación. José pudo haber pensado: ¿Dónde está Dios? Estoy lejos de casa, mis hermanos me odian, estoy aislado de mi padre. Usé la túnica, pero ahora soy un esclavo y eso es todo lo que seré. Nunca tendré lo que tiene mi padre, o lo que soñé tener, o lo que merezco tener, mi propia vida, esposa, familia, propiedades y renombre. ¿Por qué no quedarme con cualquier pequeño gozo que pueda? No tengo nada que perder.

Pero José dijo: «No».

Y se refiere a la confianza que Potifar había puesto en él y al significado de honrar la confianza. Su vida y su mundo tienen significado debido a la lealtad y por honrar el compromiso en sus relaciones. Seguir otro camino sería entrar a un mundo de oscuridad que destruiría la vida tal y como él la concebía.

La esposa de Potifar persistió: «Y por más que ella lo acosaba día tras día para que se acostara con ella y le hiciera compañía». La implicación de esto es que ella pudo haber moderado su demanda esperando que José diera el primer paso, solo un paso pequeño que traspasara la línea. «Estemos juntos solo un rato. Solo estemos juntos». Pero José siguió rehusándose.

Finalmente, ella decide forzar el asunto:

Un día, José entró en la casa para cumplir con sus responsabilidades. Entonces la mujer de Potifar lo agarró del manto y le rogó: «¡Acuéstate conmigo!»

Pero José, dejando el manto en manos de ella, salió corriendo de la casa.

Hay momentos en los que la vida no es como la planeas y la tentación pone una traba fuerte sobre tu vestimenta, esos momentos en los que lo único que debe hacerse es correr.

Un ejecutivo amigo mío, me contó sobre un viaje de negocios que no salió del todo bien. Un negocio que pensó había cerrado bien terminó en algo terriblemente mal. Sentado en el restaurante del hotel, lamentando su fracaso, solitario y aburrido, fue abordado por «la esposa de Potifar». Una tentación a la que normalmente no le hubiera echado una segunda mirada, de repente se hizo irresistible.

Mi amigo conoce la tentación de José, la que viene cuando la vida no es como la planeó. Si José hubiera cedido, habría traicionado al que confió en él, habría traicionado a Dios y quizás nunca hubiera conocido su destino. En vez de ello, huyó. Sabemos que huyó de la esposa de Potifar, de la Señora Tentación que lo atraía a la luz azul. Se nos relata que corrió hacia el exterior, pero me pregunto si cuando salió corriendo, se dirigió hacia Dios. Me pregunto si no derramó su corazón, toda la decepción y soledad que hace que la tentación sea tan dolorosa. No creo que sea suficiente con huir del pecado. El pecado es un perseguidor obstinado. Tarde o temprano, tienes que enfrentar el dolor que hace que la tentación sea tan atractiva. Tarde o temprano, tienes que correr hacia Dios.

La señora de Potifar se queda con el manto de José en sus manos. Una vez más le quitarán la túnica a José y la usarán en su contra.

Ella le grita a la servidumbre: «¡Miren!, el hebreo que nos trajo mi esposo solo ha venido a burlarse de nosotros. Entró a la casa con la intención de acostarse conmigo, pero yo grité con todas mis fuerzas. En cuanto me oyó gritar, salió corriendo y dejó su manto a mi lado». Potifar debe ser capaz de ver con claridad a través de esto. José debe ser recompensado.

Pues no. Potifar está furioso, José va a la cárcel y la señora de Potifar regresa a casa, seguramente a esperar la llegada de un esclavo más sumiso.

Pero ahí no acaba la historia. Hay más malas noticias. Sin embargo, en medio de las malas noticias viene una frase conocida: «el Señor estaba con él y no dejó de mostrarle su amor. Hizo que se ganara la confianza del guardia de la cárcel».

La gente resiliente descubre el significado y el propósito en la tormenta

El siquiatra polaco Adam Szymusik descubrió que los sobrevivientes que no traían consigo convicciones fuertes a los campos de concentración no se desenvolvían tan bien en el tiempo como aquellos que sufrían por sus enfoques políticos o religiosos. Varios estudios en los mensajes de suicidas revelan que rara vez mencionan problemas como la salud debilitada, el rechazo o las crisis financieras. En vez de eso, destacan el «cansancio de la vida» y conciben al suicidio como una «salida». Como lo dice el sicólogo Julius Segal: «Una cantidad incontable de individuos acosados por el trauma describen que su problema básico es una existencia que no tiene significado».

Sabemos que José, aun en prisión, estaba saturado de significado y propósito: «Pero el Señor estaba con José...» Para utilizar el lenguaje de la teofanía, el Señor quería adelantársele a José ¡en prisión!

A veces él llega, no sobre la cima de la montaña, sino en medio de la tormenta. Así fue para los discípulos en la barca. Así fue para José.

El Señor estaba con él y no dejó de mostrarle su amor. Hizo que se ganara la confíanza del guardia de la cárcel, el cual puso a José a cargo de todos los prisioneros y de todo lo que allí se hacía.

En la cárcel, José halló significado de una manera muy sencilla, al ayudar a un par de prisioneros como él: un panadero y un mayordomo. Después que ellos pasaron una noche de sueños agitados, se nos dice que «A la mañana siguiente, cuando José fue a verlos, los encontró muy preocupados, y por eso les preguntó: ¿Por qué andan hoy tan cabizbajos?»

Hallar compasión en las tormentas

Este es un detalle impresionante de la historia. Hubiera sido más sencillo para José aislarse y concentrarse en su propia frustración. Cuando la vida no es lo que planeas, se te olvida que otras personas también se enfrentan a la frustración. Puede que solo pienses en tu propio dolor. Tu mundo se hace tan pequeño que tu propio dolor es el único que percibes. Esto es la muerte del corazón, la pérdida del significado.

Sin embargo, José se da cuenta de que él no es el único para quien la vida no es como la planeó. Vive de la manera como Jesús viviría. A los prisioneros en desgracia les da el trato de seres humanos: los toma en cuenta, les pregunta su estado y expresa interés genuino en ellos.

En un momento en el que esperaríamos que se preocupase solo por su persona, José se interesa con sinceridad en el bienestar de otros: «¿Por qué andan hoy tan cabizbajos?» les pregunta al panadero y al mayordomo. El no espera nada de regreso. Y al notarlo José le da significado a su presencia en la prisión. Y alguien los nota. A alguien le importan sus vidas. Las palabras pueden hacer esto. Cada palabra positiva que pronuncies eleva un poco la esperanza de alguien.

Me pegunto si parte del significado del sufrimiento de José era desarrollar su compasión.

¿En medio de la tormenta, puedes leer la cara de la gente que te rodea como José? La mayoría de la gente lleva su cara mostrando lo que sucede en su interior.

¿Ves a tus amigos, colegas, a la gente que te sirve, o a los niños en tu vida, y notas si están cabizbajos?

Nada enseña mejor que las tormentas.

Puede no haber sido un accidente el que José pasara años como esclavo y luego como prisionero antes de estar listo para ser exaltado a una posición prominente y ser usado por Dios. Nada enseña mejor que las tormentas.

Pero en ese momento, en la cárcel, *se dio cuenta*. Su sufrimiento le dio ojos de compasión.

Los prisioneros le explicaron a José que cada uno había tenido un sueño que los dejó preocupados. José tomó un momento para ofrecerles su ayuda: «¿Acaso no es Dios quien da la interpretación?... ¿Por qué no me cuentan lo que soñaron?»

El mayordomo le cuenta su sueño acerca de una vid y sus uvas. José contesta: «Dentro de los próximos tres días el faraón lo indultará a usted y volverá a colocarlo en su cargo».

El panadero queda muy animado por eso y relata su sueño sobre aves y repostería. José contesta: «Dentro de los próximos tres días, el faraón mandará que a usted lo decapiten y lo cuelguen de un árbol».

Y el panadero le contestó: «Esta es la última vez que te cuento uno de mis sueños».

El mayordomo es liberado. Estas son buenas noticias. José acordó con él que hablara a su favor para que lo liberaran.

¡Imagínate el gozo de José! Será liberado. No más cárcel. No más esclavitud. Puede regresar a su padre. Puede irse a casa.

Espera todo el primer día. Nada. *Quizá mañana*, se dice. *Mañana será un día de celebración.*

El siguiente día termina. Nada otra vez. Se convence que es debido a algo de burocracia. Piensa que quizá el mayordomo está esperando el momento adecuado.

Los días se convierten en semanas, luego meses. Y José sigue ahí, languideciendo en la cárcel.

Al paso del tiempo se hace claro que el mayordomo lo olvidó. Tiene su propia vida. La gente tiende a obsesionarse con su propio bienestar. Por dos años, casi tanto tiempo como el que les tomó a Lewis y a Clark cruzar un continente, José siguió solo. Me pregunto con qué frecuencia pensó que este era el final de su historia.

Dios no había terminado todavía. José aprendería a entender el significado más profundo de su sufrimiento. Como lo dijo a sus hermanos: «Pero ahora, por favor no se aflijan más ni se reprochen el haberme vendido, pues en realidad fue Dios quien me mandó delante de ustedes para salvar vidas».

Como escribe Dallas Willard:

Conozco a muchos cristianos comprometidos que, a pesar de su fe, están profundamente decepcionados de la forma en la que se desarrollan sus vidas. En algunas ocasiones, debido a las circunstancias o a decisiones equivocadas y acciones llevadas a cabo por otros, muy a menudo no logran lo que esperaban en la vida. Con dolor tratan de descifrar qué hicieron mal o si es que Dios realmente ha estado con ellos.

Los mejores días de José, el levantarse en Egipto, su servicio a una nación, su impacto como líder, su reunión con su padre, su reconciliación con sus hermanos, todo esto estaba al otro lado de las Rocosas. Y todo porque al final su historia era parte de la historia de Dios.

Mucho de la aflicción de esta gente buena viene de no poder darse cuenta de que sus vidas están delante de ellos. Al fin Dios envió a un soñador más, terminó siendo otro hombre joven al cual las cosas parecían no haberle salido como lo había planeado. Las multitudes se mofaron de él, sus amigos lo abandonaron, Pedro lo negó, Judas lo traicionó, los soldados lo crucificaron y su cuerpo fue puesto en una tumba. Un soñador más, un hombre joven más cuya vida terminó como una decepción.

Hasta que... en el tercer día... se despertó sintiéndose muy bien. Resiliencia al máximo.

Al tercer día, las malas noticias se acabaron para siempre.

Desde ese tercer día, cualquier mala noticia que pueda venir a tu vida no tiene poder para separarte de Dios.

Cuando los discípulos lo vieron caminando sobre el agua, quedaron aterrados. —¡Es un fantasma! —gritaron de miedo. Pero Jesús les dijo en seguida: —¡Cálmense! Soy yo. No tengan miedo. —Señor, si eres tú —respondió Pedro—, mándame que vaya a ti sobre el agua. —Ven —dijo Jesús. Pedro entonces bajó de la barca y comenzó a caminar sobre el agua en dirección a Jesús. Pero al sentir el viento fuerte, tuvo miedo y comenzó a hundirse. Entonces gritó: —¡Señor, sálvame!

Mateo 14.26-30

CLAMOR TEMEROSO

A nada hay que temerle tanto como al temor.

Henry David Thoreau

En la Escritura, el mandato que ocurre con más frecuencia, la orden de Dios más repetida, se compone de dos palabras:

No temas.

No tengas miedo. Sé fuerte y valiente. Puedes confiar en mí. No temas.

¿Por qué entonces Dios manda a los seres humanos que dejen de temer con más frecuencia que cualquier otra cosa?

Pienso que la razón por la que Dios repite tantas veces «no temas» es porque el temor es la primera razón por la que nos sentimos tentados a evitar hacer lo que él nos pide.

Una parábola de valor

Una niñita de dos años, de pie y a la orilla de una piscina. Su padre, con los brazos abiertos, le dice: «¡Salta!, no tengas miedo. Confía en mí. No voy a dejar que te hundas. ¡Salta!»

En ese momento, ella está hecha un manojo de conflictos internos. Por un lado, todo su interior le grita que no salte. El agua es fría, peligrosa y profunda. Nunca hizo eso antes. No sabe nadar.

Por otro lado, el que está en el agua es su papito. Él es más grande y fuerte que ella y ha sido más o menos confiable hasta este punto durante los últimos dos años. Parece que tiene mucha confianza en lo que pueda ocurrir.

Se libra una batalla entre el temor y la confianza.

La confianza le dice: «¡Salta!»

El temor le dice: «¡No!»

Si decide saltar, logrará tener un poco de más confianza en la habilidad de su padre para atraparla. Será más probable que salte de nuevo una próxima vez. El agua le provocará menos terror. En resumen, logrará tener una imagen de sí misma como una amable personita que no se detendrá ante el temor.

Por otro lado, si decide no saltar, eso le traerá, igualmente, consecuencias. Perderá la oportunidad de descubrir que puede confiar en su padre. La próxima vez se inclinará hacia la seguridad. Se verá a sí misma como una amable personita que no responde con valentía a los desafíos. Hará un mayor esfuerzo por asegurarse de evitar enfrentarse con decisiones futuras en las que el temor esté presente.

El temor tiene su lugar. Pero quiero que la confianza sea más fuerte. No quiero que jamás el «*no*» del temor triunfe sobre el «*sí*» de la fe.

El temor tiene dos participaciones en el relato de Jesús caminando sobre el agua. Primero, los discípulos sintieron temor debido a que no entendieron que Jesús estaba con ellos en la tormenta. Dale Bruner escribe:

> Así que Jesús les dice: «¡Valor! ¡SOY YO! ¡No teman!» Como vimos en el primer capítulo, Jesús no solamente se identificó a sí mismo («Se trata de mí»); esta es una revelación de que Dios, «YO SOY», se encuentra en medio de ellos.

Un joven discípulo quedó de pie junto a la borda de la barca. Jesús quedó de pie sobre el agua. Le tendió su mano y le dijo: «Ven».

La confianza le dijo: «*Salta*».

El temor le dijo: «*No*».

Pedro saltó y, por un breve tiempo, todo iba muy bien.

Entonces el temor volvió a atacar por segunda vez. Sintió el viento. Y esto lo llevó a la siguiente fase: sintió temor. Su respuesta al viento y a la tormenta fue ceder al temor. Perdió su confianza en que Jesús era el amo de la situación. No solamente se hundió en el agua: también se hundió en su propia ansiedad y preocupación.

Pienso que la razón por la que Dios dice «no temas» con tanta frecuencia es porque el temor nos hunde con más rapidez que cualquier otra cosa.

Un hombre joven termina comprometido con una mujer a la que no ama, pero todo el mundo espera que se casen. El temor no le permite estar consciente de lo que en verdad siente su corazón y actuar con autenticidad.

Un anciano tiene temor de morir. Nunca se lo ha dicho a nadie: teme a lo que otros puedan pensar de él si llegan a enterarse.

Admiro enormemente a la gente que lucha en forma genuina contra el temor y que, en el momento decisivo, decide saltar. Una cosa es que una persona Tipo E salte. Pero para que alguien no acostumbrado al riesgo se quede de pie junto a la borda de la barca y salte cuando Dios le llama, para alguien que lucha con la preocupación y la duda y aun así obedece, temblando pero confiado: *para mí, eso es valor genuino.*

¿QUÉ ES EL TEMOR?

En su definición más simple y bondadosa, el temor es un clamor interno que advierte que el peligro está cerca y que más vale que hagamos algo al respecto. Está diseñado para desempeñarse como lo que los investigadores llaman un «mecanismo de autocorrección», suficientemente desagradable para motivarnos a actuar y a alejarnos de lo que nos amenaza. Prepara a nuestros cuerpos para huir, ocultarse o luchar.

Hay un gran componente sicológico en el temor. Un amigo mío trataba de prepararse para una conversación con una persona que le intimidaba mucho. Al hablar con su esposa, le comentó: «¿Sabes? Cada vez que pienso en esa conversación, me sudan las palmas de las manos».

Cerca de una hora más tarde, sin poder pensar en otra cosa, le dijo: «¿Sabes? Cada vez que pienso en esa conversación, se me seca la boca».

«Y entonces —lo aconseja ella—, ¿por qué no te lames las palmas de las manos?»

El temor se compone de varias cosas. Primero, tu mente siente que está en peligro. Algunas experiencias como los ruidos estruendosos o las grandes alturas parecen estar directamente identificados desde nuestro nacimiento y en nuestro interior para producir temor. Los científicos dicen que algunos temores son innatos mientras otros son aprendidos.

La velocidad increíble de este proceso nos ayuda a reaccionar al instante ante las dificultades potenciales, pero igualmente esto significa que nuestras respuestas iniciales no han sido filtradas todavía por un proceso más lento, el que ha sido denominado «sistema del temor racional». (Esta es la razón por la cual la gente en las montañas rusas o en las películas de terror, por ejemplo, pueden estar al mismo tiempo tanto aterrorizadas como riendo a carcajadas: el sistema de temor primitivo vocifera que estamos en peligro mientras que el sistema de temor racional nos dice que todo está bien).

Existe lo que puede considerarse como un buen temor: el que evita que un niño toque una estufa caliente; el temor que te impide conducir con imprudencia, que le impide a un hombre vestirse de la manera como realmente quiere —en tela a cuadros de colores vivos que expresen su verdadera personalidad— porque tiene temor de lo que su esposa pueda pensar.

Si el temor se sintiera solo cuando fuera necesario, cuando estás a punto de ser arrollado por un camión o cuando eres perseguido por un maniático homicida, por ejemplo, entonces no habría que preocuparse de él en lo absoluto. El problema es que, para la mayoría de nosotros, el temor nos invade cuando no lo necesitamos y cuando no nos es útil. Puede quedarse asociado con lo que realmente no nos amenaza y convertirse en un paralizante en vez de un estímulo.

En algunos casos, el temor deja de ser esporádico y se convierte en algo habitual. Cuando eso ocurre, nos convertimos en *preocupados habituales*. La preocupación es una forma especial de temor. La distinción tradicional es que el temor tiene una fuente *externa*, mientras que la preocupación se produce *internamente*. Pero ambos producen las mismas respuestas físicas. La preocupación es el temor que desempaca sus maletas y firma un contrato de renta a largo plazo.

Es necesario tomar el aspecto físico del temor con seriedad. Es algo natural del ser humano. En un artículo publicado en *New York Times Magazine* se hizo referencia a investigaciones que indican que ciertas personas tienen una fuerte predisposición al temor y la ansiedad por causas aparentemente genéticas.

Más que otra cosa, la cantidad de mandamientos en la Biblia sugiere que el temor juega, por lo general, un papel destructivo en la vida de la gente. El temor, tal y como tú y yo lo experimentamos y controlamos, no es bueno.

En la Biblia, una vez tras otra, es el *temor* lo que impide que la gente confíe y obedezca a Dios.

Vivir invadido de temor crónico es el costo más alto de todo. Susan Jeffers lo afirma de este modo: «Aprobar el temor en nuestras vidas es menos atemorizante que vivir con el miedo subyacente que proviene de un sentimiento de impotencia». Así que consideremos el alto costo de vivir en un estado mental de temor.

Pérdida de la autoestima

Toda la investigación sugiere que ella está extremadamente concentrada en un asunto: Cuando enfrentas una situación difícil, ¿la abordas, actúas y encaras de frente o la evitas, te quejas y corres a esconderte?

Si actúas, lo que obtienes es una oleada de deleite, aun si las cosas no resultan de manera perfecta. *Hice algo difícil. Enfrenté un desafío.* Creces.

Cuando evitas enfrentar una situación amenazante, aun si las cosas resultan bien, piensas: *La verdad es que le di la vuelta. No hice la parte difícil. Tomé la salida fácil.*

Evitar enfrentarse a algo asesina la sensación interna de confianza y estima. Por eso los elogios de otros a menudo no nos ayudan mucho, aun cuando sean sinceros. Quienes tienden a evitar el desafío se convierten en expertos en «administración de imagen», pretendiendo ser lo que creen que será aceptable para otros. Pero cuando te enfrentas a un desafío, esto fortalece tu misma esencia, aun cuando no te desempeñes a la perfección.

¿Por qué no llevas a cabo tu propio experimento de confianza esta semana? En el momento en el que estés tentado a evitar la situación, mejor opta por conservar tu lugar y presionar hacia delante:

Enfrenta a un bravucón que maltrata a otros (o a ti) en el trabajo. Pon los pies primero en una tarea que has evitado porque temes que será difícil o poco placentera. Reconoce ante Dios en oración un pecado o una falla de carácter que has tratado de ocultar.

Cuando hagas eso, serás un poco más fuerte en tu interior.

Pero cuando huyes al no dar el paso o no decir la palabra difícil, mueres un poco. Y si eso se convierte en un patrón, con el tiempo te darás cuenta de que eres una persona que no puede lidiar con los desafíos más grandes de la vida.

Pérdida del destino

Hace poco almorcé con un amigo que está siendo llamado por Dios a hacer grandes cosas. Es una persona enormemente dotada, un talentoso artista y formidable autor. Pero tiene un trabajo que lo está matando. Ahí no desarrolla sus más grandes capacidades y no siente pasión alguna lo que hace. Simplemente registra su entrada y su salida. ¿Por qué sigue ahí?

Temor. Para ser más específico, el temor al fracaso. En cierta y extraña forma, también tiene temor a triunfar. Si triunfa, la gente puede esperar más de él. Las apuestas pueden ser mayores. Su presión puede aumentar aun más. En algunas ocasiones, la gente puede sentir más temor al triunfo que al fracaso.

Con el paso del tiempo, si este patrón no se altera, llegará el momento en que mi amigo se jubile y entonces sentirá alivio al renunciar y tratará de sentirse tan cómodo como pueda por el resto de su existencia.

Y además, nunca habrá hecho lo que Dios pensó para él cuando fue creado ni se convertirá en lo que Dios quería que él fuese. El temor le costará su destino, y eso es pagar un precio demasiado alto.

Pérdida del gozo

¿Alguna vez has conocido a una persona profundamente gozosa y crónicamente preocupada? El temor destruye el gozo. Déjate invadir por él y conocerás el dolor de la ansiedad constante, crónica y de baja calidad. Véncelo y sabrás lo que significa la satisfacción.

Otro de mis amigos está hundido hasta el cuello en un desafío muy difícil. Lo que arriesga racional, espiritual y emocionalmente, es muchísimo. «Nunca me he arriesgado ni he llegado tan lejos al lado de Dios —me dijo—. A las otras personas involucradas les digo: "¡Confíen en él! ¡Dios hará la obra!" Y ahora, en todo lo que pienso es en que ¡más vale que la haga!» Miré a mi amigo y noté en su rostro las huellas de alguien que está tratando de obedecer y confiar con valor —emoción, anticipación, suspenso, oración, un profundo sentimiento de dependencia, actividad significativa y el ser exigido— al extremo. Me di cuenta de que está disfrutando los mejores momentos de su vida. Por otro lado, ceder ante el temor elimina el gozo. Las investigaciones recientes han demostrado que la mayoría de los que se preocupan tienden a poseer una gran capacidad imaginativa. Normalmente tienen un coeficiente intelectual por encima del promedio. A menudo son personas con mucho potencial creativo.

Pero su imaginación los conduce a lo negativo. Tienden a ser pesimistas:

—¿Y si ocurre algo malo?

—¿Y si me involucro en un accidente y hago trizas el auto?

—¿Y si pierdo mi billetera?

—¿Y si predico un mal sermón?

Todas estas cosas son contingencias, ocurren en el futuro y ¡puede que nunca ocurran!

Pérdida de la intimidad auténtica

Temer y ocultarse van de la mano como la adolescencia y las hormonas. El primer ejemplo registrado del temor refleja esto: *Pero Dios el Señor llamó al hombre y le dijo:*

¿Dónde estás? El hombre contestó:

Escuché que andabas por el jardín, y tuve miedo porque estoy desnudo. Por eso me escondí.

Y nos hemos escondido desde entonces: detrás de sonrisas que realmente no queremos mostrar, de palabras agradables que no creemos y sobre todo detrás de las cosas que realmente creemos y sentimos pero que nos rehusamos a decir.

Mientras crecía, mis padres a veces nos pedían a mi hermano, a mi hermana y a mí que jugáramos «el juego del silencio». Me imagino que conoces las reglas: gana quien se mantenga en silencio la mayor cantidad de tiempo. Es un juego muy popular entre los padres.

Me desagrada decirlo pero, en algunas ocasiones, por razones del todo distintas hoy, aún practico el juego del silencio. Muy a menudo me reservo el decir lo que realmente pienso o siento por causa del temor. Tengo temor de lo que alguien pueda pensar de mí; o del dolor del conflicto que pueda surgir; o de que tendré que invertir más energía de la que realmente quiero para limpiar el embrollo relacional que surgirá.

Me pregunto con quién estás practicando el juego del silencio: ¿Con tu jefe? ¿Tu cónyuge? ¿Un pariente que siempre busca imponer su opinión? ¿Un niño de carácter difícil? ¿Un colaborador dogmático? ¿Una figura de autoridad que te resulta intimidante?

Pérdida de disponibilidad para Dios

El temor nos susurra que Dios no es realmente tan grande como para cuidarnos.

Cuando visitaba clientes en mi empleo como becario en la universidad, conocí a una mujer que tenía una fobia relacionada con todo lo que fuera volar. Había sufrido una experiencia traumática en un avión cuando era niña y nunca se había recuperado totalmente de ella.

Le hice someterse a un proceso llamado desensibilización sistemática, lo cual implicaba aprender a relajarse (es físicamente imposible que el cuerpo experimente temor cuando se está en un estado de relajación) al mismo tiempo que se incrementan las imágenes visuales que tienen que ver con volar, hasta que al cabo del tiempo la persona es capaz de hacerlo. «¿No está consciente —le dije—, de que él está con usted en todas partes? Algunas de las últimas palabras de Jesús fueron: "Estoy con ustedes siempre"».

No hay límite para su presencia. No hay lugar al que podamos ir, ni actividad en la que nos involucremos, en los que Dios no esté observándonos.

Recuerdo a una mujer que se enredó en una relación con un hombre consciente de que no hacía lo correcto. Él tenía varias tendencias pecaminosas no resueltas. Ella sabía lo que arriesgaba. Pero si terminaba con él, quedaría sola. No pensaba que podría tratar con eso, así que se casó con él. Ahora está más sola que cuando era soltera.

¿Qué la mantuvo en esa relación de la que *sabía* debía liberarse?

El temor.

Temía que Dios no fuera capaz de protegerla de la insoportable soledad.

Ahora se dirigía a una montaña de remordimiento preguntándose: «¿Y si hubiera confiado en él?»

¿Qué habría pasado si hubiera confiado en Dios?

Si cedes ante un estado mental de temor y quedas al final de tu vida pasando el tiempo en un cómodo sillón frente a un televisor, seguramente pensarás: ¿Qué habría pasado? Si hubiera confiado en Dios, ¿qué habría hecho? ¿En qué me habría convertido?

El precio a pagar es demasiado alto.

El temor se transmite de generación a generación

Los investigadores en el campo de las ciencias sociales dicen que somos la cultura más preocupada que jamás ha vivido.

La expectativa de vida aumentó en el siglo pasado. Podemos curar más enfermedades que nunca. Ningún grupo humano ha disfrutado tanta salud y, sin embargo, ha estado más preocupado por ella. Pasamos el tiempo leyendo artículos que describen qué tan enfermos estamos.

El periodista Bob Garfield le siguió la pista a la salud en el *Washington Post, USA Today* y el *New York Times* y descubrió que, de acuerdo a los expertos:

—59 millones de estadounidenses sufren enfermedades cardiacas
—52 millones sufren migraña
—25 millones sufren osteoporosis
—16 millones luchan con la obesidad
—3 millones sufren cáncer
—12 millones sufren desórdenes severos como las lesiones cerebrales...

El resultado es que 543 millones de estadounidenses están seriamente enfermos, lo cual es impactante en un país con 266 millones de habitantes. Como lo anota Garfield: «O como sociedad estamos malditos o alguien está repitiendo seriamente su turno».

Los medios de comunicación nos asustan puesto que el temor vende.

A menudo, se establecen agencias nuevas de gobierno para que los fondos que se recaban constantemente dependan de la percepción pública de que nos están protegiendo de riesgos temibles.

Para los padres esto puede ser la peor parte de todas. Sus esperanzas, sueños y llamados son lisiados por los temores distorsionados y por la preocupación. De igual manera, estarás limitando las esperanzas, sueños y llamados de tus hijos. Ellos aprenden de ti que la única forma de andar por la vida es con ansiedad y temor.

Por otro lado, el temor no es la única cosa que se contagia. También la confianza. La fe audaz también se contagia.

Hace algún tiempo me llevé a mi hijo, entonces de diez años, a volar en un paracaídas que se ata a un bote y se eleva mientras este lo hala por el mar. El capitán del bote dijo que podía ascender a 130, 200 o casi 300 metros. «¿A qué altura de la superficie quiere volar?»

Lo pensó por unos minutos y finalmente se decidió: «Voy subir hasta 300 metros. Puede que me dé miedo al principio, pero voy a hacerlo porque el riesgo solamente dura unos minutos. Una vez que acabe, la experiencia me quedará para siempre».

Me parece que si Dios tuviera algo que decirte en este momento, sería esto: *El paseo solo dura pocos minutos. En el eterno y vasto esquema universal, tu vida es más breve de lo que jamás te imaginarás.*

Pero todo lo que hagas en fe,

Cada vez que confíes en mí,

Siempre que actúes en audaz obediencia y saltes en respuesta a mi invitación,

Eso lo poseerás para siempre.

Vamos. Salta.

—Ven —dijo Jesús. Pedro entonces bajó de la barca y comenzó a caminar sobre el agua en dirección a Jesús. Pero al sentir el viento fuerte, tuvo miedo y comenzó a hundirse. Entonces gritó: —¡Señor, sálvame! En seguida Jesús le tendió la mano y, sujetándolo, lo reprendió: —¡Hombre de poca fe! ¿Por qué dudaste? Mateo 14.29-31

COMO QUE TE HUNDES

Aquel que no ha fracasado en algo, tal hombre, no puede ser grande. El fracaso es la prueba de la grandeza.

Herman Melville

Cuando somos jóvenes, el fracaso parece no afectarnos mucho. Ningún niño de un año de edad, luego de tropezarse cuando intenta caminar, se dice a sí mismo: *Bueno, pero ¡qué torpe y tonto soy! Creo que no nací para caminar. Por supuesto que no quiero que nadie más me vea caer. Prefiero quedarme gateando por el resto de mi vida a exponerme a esa experiencia otra vez.*

Los niños están perfectamente conformes con su inestabilidad y lidian con las caídas mientras aprenden a caminar. Por eso, en inglés, se les llama niños que dan los primeros pasos o que caminan con paso inseguro [*toddlers*].

Sin embargo, conforme vamos creciendo, parece que también aumenta nuestro temor a caer. Preferimos evitar caer que aprender a caminar.

Pedro caminaba sobre el agua con paso inseguro. Sus pasos, al igual que su fe, eran inciertos. Estuvo dispuesto a arriesgarse al fracaso por causa de la aventura de confiar completamente en Jesús. Y, en ese momento, Jesús no iba a usar el fracaso de Pedro como pretexto para descartarlo.

Creo que esta es una de las preguntas más importantes de la vida: ¿Por qué el fracaso es energizante para algunas personas, mientras que para otras es paralizante?

La percepción y las reacciones de la gente al fracaso hacen una enorme diferencia en sus vidas, una mayor que la que hacen juntos el coeficiente intelectual, el atractivo físico, el encanto y los activos financieros. Los que son capaces de aprender del fracaso, conservando una noción profunda de su propio valor y ordenando la motivación para tratar de nuevo, se hacen maestros administrando el fracaso.

Las Escrituras relatan que, por un prolongado periodo de tiempo, David experimentó una cadena de brillantes sucesos. Fue ungido por Samuel como rey de Israel. Cuando era muchacho derrotó al más formidable enemigo de Israel, Goliat. El rey Saúl lo seleccionó como guerrero y como músico. El ejército lo amaba, la gente escribió canciones sobre él: «Saúl mató a sus miles, David a sus diez miles».

David supo lo que era caminar sobre el agua. Confió en Dios y, por un largo tiempo, todo lo que tocó se convirtió en oro. Iba de camino a palacio.

Luego ocurrió algo extraño. Una por una todas esas cosas maravillosas que se le otorgaron le fueron arrebatas. David perdió su empleo. Había sido ascendido de pastor a músico de la corte y de ahí a guerrero, el oficial más exitoso del ejército. Pero Saúl tuvo celos. Comenzó a arrojar lanzas y David perdió el empleo. Con él, también perdió su salario y su seguridad. No serviría en el ejército de Saúl otra vez.

Después, perdió a su esposa. Se había casado con la hija de Saúl, Mical, pero este envió soldados para matar a David. Mical lo ayudó a escapar, pero regresó con su padre Saúl y terminó casada con alguien más. (Luego David la volvió a tomar como esposa, como se lee en 2 Samuel 3).

Así que David huyó a Ramá, donde vivía Samuel, su mentor espiritual. Samuel fue quien lo ungió cuando David era joven. Fue el que le aseguró a David la presencia de Dios en su vida. Pero Saúl oyó a dónde se dirigía David y envió soldados para perseguirlo. David tuvo que escapar otra vez y Samuel no pudo acompañarlo, pues era un anciano. Luego, David corrió hacia su mejor amigo, Jonatán, que se había enfrentado a su padre, Saúl, arriesgando su vida por causa de su amigo. Pero Jonatán no dejó el palacio. No podía —ni lo haría— levantar espada contra su propio padre. Así que, una vez más, David estaba solo y tenía que huir para preservar su vida.

Su empleo y matrimonio terminaron en fracaso, su mentor muerto, su mejor amigo había salido de su vida. Luego, todo empeoró.

David huyó de su hogar hacia Gat, pueblo natal del difunto gigante Goliat. No tenía ningún lugar a donde ir excepto a los filisteos, sus enemigos mortales. Este movimiento no resultó más exitoso que los otros. David se preocupó y tuvo mucho miedo de Aquis, rey de Gat. Por lo tanto, cuando estaban por apresarlo, fingió perder la razón y Aquisdijo entonces a sus oficiales: ¿Para qué me lo traen?

Luego de fracasar tratando de encontrar refugio en Gat, David huyó una vez más. «David se fue de Gat y huyó a la cueva de Adulán».

La cueva llamada Fracaso

Aun cuando una vez David tuvo riqueza, poder, fama, amigos, seguridad y lo que creyó un futuro garantizado, ahora huía por su vida viviendo en una cueva.

Estaba en la cueva de Adulán, pero podemos pensar que se llamaba Fracaso. La cueva es donde terminas cuando tus utilerías, soportes y muletas te son arrebatados. Quizás te encuentres en la cueva en este momento.

Tal vez se debe a que perdiste tu empleo o estás bajo presiones financieras. Es probable que tus sueños acerca de tu vida familiar no se hayan realizado. Tal vez debido a que has perdido a un mentor o a tu mejor amigo; tenías una relación con la que podías contar y ahora se ha perdido. Tal vez se debe a una condición física, tal vez has perdido tu salud. O, simplemente, estás solo.

Si no estás ahí en este momento, espera un poco. Llegarás. Nadie planea terminar en la cueva pero, tarde o temprano, todos tenemos que cumplir un tiempo ahí.

Lo más difícil de estar allí es que comienzas a preguntarte si es que Dios te ha perdido la pista. ¿Olvidaría sus promesas? ¿Recuerda dónde estoy? ¿Saldré algún día de esta cueva? ¿Moriré aquí?

Hay otra gran cosa que debes saber. Algunas veces la cueva es el lugar donde te encuentras con Dios, pues él hace algunas de sus mejores obras en las cuevas.

David conoció el fracaso. Pasó cerca de diez años de su vida en el desierto durante su huida. Desde una perspectiva humana, parecería que las promesas que Dios le hizo nunca se harían realidad.

Pero no estuvo totalmente solo. Lo acompañaron varias personas y formaron una pequeña comunidad. Pero no conformaban un grupo muy prometedor. «Además, se le unieron muchos otros que estaban en apuros, cargados de deudas o amargados. Así, llegó a tenerlos bajo su mando». David no trabajó con la crema y nata de la sociedad; más bien se trataba de personas en bancarrota y agitadores. Él y su variopinto grupo establecieron una especie de comunidad de refugiados en una aldea llamada Siclag. Se habían unido a sus mujeres y habían iniciado familias, acometiendo periódicamente contra otras aldeas.

Un día regresaron a casa y descubrieron que su aldea había desaparecido. Siclag fue saqueada y se llevaron a sus hijos y esposas.

Eso ya es bastante malo, pero para David las cosas todavía podían ponerse peor. El lamento de sus hombres se tornó en ira, y su ira se volvió hacia David.

Entonces aparece una de las grandes afirmaciones de la Escritura: Pero David «cobró ánimo y puso su confianza en el Señor su Dios».

Este es un gran secreto de la vida espiritual. Cuando cualquier otra fuente se ha agotado, cuando toda utilería ha sido quitada de debajo de él y toda muleta ha sido arrebatada, cuando alcanzó el punto de fracaso total, David se animó a sí mismo en el Señor.

¿Cómo ocurre esto? Creo que el punto inicial para tratar el fracaso es encarar con sinceridad y dar nombre a nuestro desánimo. Aquí es donde comienza David.

Esto es lo que leemos en el Salmo 142. Este es un salmo para los habitantes de la cueva.

A voz en cuello, al Señor le pido ayuda;
  a voz en cuello, al Señor le pido compasión.
Ante él expongo mis quejas;
  ante él expreso mis angustias.

¿Eres capaz de quejarte? Si puedes quejarte, puedes dar este paso. Los eruditos en Antiguo Testamento nos dicen que hay diferentes tipos de salmos. Pero la categoría más popular es denominada salmos de lamento. El salmo más frecuente trata de alguien quejándose ante Dios.

Y, aparentemente, Dios no se desanima por esto en lo absoluto. Eso es lo que hizo David en la cueva. Se mantuvo callado lo suficiente delante del Señor como para llegar al fondo de su dolor y desánimo. Lo sintió en sus entrañas.

Visité el cementerio en donde Shakespeare fue sepultado en Stratfor-upon-Avon. Su cuerpo reposa a seis metros bajo tierra en vez de los habituales dos, con el objeto de asegurarse de que nadie lo extrajera de nuevo. Me he dado cuenta de que algunas veces hago lo mismo con mi propia noción del fracaso. Durante mis años de estudiante opté a un cargo en mi grupo y perdí. La necesidad de tener una popular imagen de líder en mi grupo fue destruida; sentí vergüenza total y deseé no haberme postulado jamás. Pero no hablo de esto con nadie. Ni siquiera gasto tiempo o esfuerzo en mirar a lo profundo de mi ser para preguntarme por qué me duele o qué lección pude haber aprendido. Simplemente quiero dejar eso a seis metros bajo tierra.

Lo que más lamento al recordar esas experiencias no es que fracasé. Más bien, lamento sentir el dolor del fracaso tan intensamente que me reprimí de poseerlo y aprender de él para no sanar y seguir adelante. Una vez, un hombre llamado Elías estaba en una cueva. En toda la extensión de la definición, él había sido un profeta extremadamente exitoso, habiéndose hecho cargo de cuatrocientos opositores y un rey malvado y dando predicciones climatológicas exactas. Pero la oposición de una sola reina desencadenó algo en él; estaba seguro de que había fracasado: «¡Estoy harto, SEÑOR! —protestó—. Quítame la vida, pues no soy mejor que mis antepasados».

Pero Dios no le quitó la vida. Dios fue muy tierno, hizo que un ángel le cocinara un panecillo sobre carbones calientes y dirigió a Elías a tomar una siesta. Después de todo, Dios trató a Elías así como tratarías a un pequeñito malhumorado: Come algo, duerme un poco y hablaremos cuando estés un poquito más compuesto.

Luego de un gran viento, un terremoto y fuego, sobrevino un «suave murmullo». Luego vino todavía una voz pequeña, al Dios hacerle a Elías una maravillosa pregunta: «¿Qué haces aquí?» La mejor parte de la pregunta es que Dios no dijo: «¿Qué haces *allí*?» Dios estaba en la cueva con él.

Pero creo que quizás la cueva es el lugar más maravilloso de todos para percatarte de que Dios te ama. Si sabes realmente que Dios te ama cuando sientes el peso del fracaso, entonces no hay lugar en el que estés más allá de los confines de su cuidado.

Fue en la cueva donde David clamó a Dios: «Tú eres mi refugio, mi porción en la tierra de los vivientes». Mientras mi noción de valioso y significativo esté relacionada con mi éxito, será frágil. Pero cuando sé hasta la médula de mis huesos que soy tan valorado y amado por Dios cuando quedo tendido de cara al suelo, *entonces* soy tomado por un amor más fuerte que el éxito *o* el fracaso.

Puedes arriesgarte a ser totalmente honesto con Dios por una razón muy importante: Dios nunca es un Dios de desánimo. Cuando tienes un espíritu desanimado o cuando un tren de desánimo cruza por tu mente, puedes estar seguro de que no proviene de Dios. En algunas ocasiones, él permite el dolor en sus hijos: la convicción de pecado o el arrepentimiento sobre la condición caída, o retos que nos atemorizan o visiones de su santidad que nos abruman. Pero Dios nunca trae desánimo. Todo el tiempo, su guía nos lleva a la motivación y a la vida.

Hace algún tiempo le pregunté a uno de mis mentores espirituales: «¿Cómo evalúa el bienestar de su alma? ¿Cómo mide su condición espiritual?»

Mi amigo me dijo que la primera pregunta que se hace es esta: ¿Me desanimo con más facilidad en estos días? «Eso se debe a que —me dijo—, si camino cerca de Dios y si tengo esa sensación de que está conmigo, los problemas pierden su capacidad de dañar mi espíritu».

Actúa

El siguiente paso de David fue pedirle al sacerdote que le trajera el efod, una vestimenta sagrada utilizada originalmente por este último mientras ministraba en el santuario, para que pudiera saber de parte del Señor qué hacer luego. El efod era un recordatorio de la presencia de Dios.

David recibió un mensaje muy claro del efod: «Persíguelos —le respondió el Señor—. Vas a alcanzarlos, y rescatarás a los cautivos». Así que actuó y, al hacerlo, rescató a su comunidad y recuperó su liderazgo.

Actuar es algo muy poderoso. La razón por la que mucha gente se paraliza con el desánimo es porque no dedican el tiempo ni la energía para entender lo que estuvo involucrado en primer lugar con el fracaso y entonces se equivocan al actuar en dirección al cambio. Esperan que alguna fuerza o persona exterior los rescate cuando Dios está llamándolos a actuar.

En cualquier área en la que le preocupe a usted el fracaso, lo único más destructivo que usted puede hacer es *nada*. El psicólogo David Burns escribe acerca de lo que él denomina el ciclo del letargo: Cuando me enfrento a un reto y no hago nada, eso me conduce a pensamientos distorsionados respecto a que estoy desamparado, sin esperanza y muy lejos de cambiar. Estos, a su vez, me conducen a emociones destructivas, como la pérdida de la energía y la motivación, una autoestima lesionada y a un sentimiento sobrecogedor. El resultado final es una conducta derrotista, dejar las cosas para después, evitarlas y escapar de ellas. Estas conductas luego refuerzan los pensamientos negativos y el ciclo entero continúa en una espiral descendente.

Las buenas noticias son que Dios nos hizo de tal manera que dar un simple paso puede ser extremadamente poderoso para quitarle poder al fracaso. Tomemos como ejemplo el fracaso matrimonial. El sicólogo Neil Warren afirma que no hay nada que mate más al matrimonio que la falta de esperanza. Cuando esta fallece, muere la motivación para el cambio y dejas de intentarlo. En ese punto, la muerte del matrimonio es solo cuestión de tiempo.

La alternativa a actuar es la pasividad y la resignación. Uno de los amigos de Winnie Pooh es un burrito pesimista llamado Igor, que siempre encara la vida de esta forma. Renuncie a la esperanza y prevenga así el dolor del desánimo. Este curso de acción debió ser tentador para David en algunos momentos:

Pero puedes estar seguro de que esta no es la voluntad de Dios para tu vida. ¡Dios *nunca* es un Dios de desánimo! El fracaso puede ser un tremendo motivador.

Parker Palmer escribe acerca de un tiempo en su vida en el que experimentó la cueva de la depresión profunda. Su acción fue experimentar un programa llamado OutwardBound [Destino Exterior].

Escogí el curso de una semana en la isla Huracán, frente a la costa del estado de Maine. Debí haber sabido, por ese nombre, lo que me esperaba; la próxima vez me inscribiré en Jardines de Gozo o en Valle Placentero...

Para la mitad de la semana enfrenté el desafío que más temía. Uno de nuestros instructores me seleccionó para que fuera a la orilla de un acantilado de casi cuarenta metros sobre la roca sólida. Ató una cuerda muy delgada a mi cintura, un poco descuidada y comenzando a deshilacharse, y me dijo que empezara a descender por el acantilado.

Después de varios intentos inútiles de abrazar el acantilado y resbalarme hacia abajo mi instructor dijo:

—La única forma de hacer esto es impulsarse tan lejos como puedas. Tienes que mantener tu cuerpo en ángulo recto con respecto al acantilado para que tu peso se concentre en tus pies. Va en contra de nuestra intuición, pero es la única manera en la que se puede hacer.

—Todavía no lo logras —me dijo el instructor, *ayudándome*.

—Muy bien —dije—, dime otra vez qué es lo que se supone que haga.

—Impúlsate hacia atrás —me dijo—, y da el siguiente paso.

El siguiente paso fue muy grande, pero lo di y, maravilloso, resultó. Me impulsé al espacio, mis ojos se fijaron en el cielo en oración, hice movimientos pequeñitos con mis pies y comencé a descender la roca del acantilado, ganando confianza con cada paso.

Entonces Parker encontró otro obstáculo, un gran agujero en la roca.

Para bajar, tendría que haber rodeado ese agujero, lo que significaría no mantener la línea recta de descenso con la que me había comenzado a sentir cómodo.

La segunda instructora me dejó estar ahí colgado, temblando, en silencio, por lo que pareció un largo tiempo. Finalmente, me gritó estas útiles palabras:

—Parker, ¿ocurre algo malo?

Hasta el día de hoy sigo sin saber de dónde salieron mis palabras, aunque tengo doce testigos de que las dije. En una voz alta y chillona, dije:

—No quiero hablar de eso.

—Entonces —dijo la segunda instructora—, «es momento de que aprendas el lema de Outward-Bound».

Vaya entusiasmo, pensé. Estoy a punto de morir y ¡ella me quiere enseñar un lema!

Pero entonces me gritó cinco palabras que espero no olvidar nunca. Cinco palabras de las que todavía puedo sentir su impacto y significado:

—Si no puedes salirte, ¡métete!

Esta es tu vida. No puedes salirte de ella. Así que métete en ella. Da un paso hacia la confianza en Dios en un área en la que sientas fracasar:

—Haz una llamada telefónica para confrontar una situación que has evitado

—Abre un libro para comenzar a estudiar para un proyecto que has estado obviando porque te parece que es abrumador

—Escribe una carta para comenzar a buscar un trabajo que significaría la realización de tu sueño.

Una pequeña acción a menudo vale lo que cien discursos enardecedores. Pero debes recordar algo: Debes estar dispuesto a fracasar.

En la película *Carros de Fuego*, el atleta inglés Harold Abrams compite en contra del campeón escocés Eric Liddell y pierde por primera vez en su vida. El dolor del fracaso es tan grande que decide que no correrá ni una vez más.

Su novia Cybil le dice:

Harold, esto es totalmente ridículo. Perdiste una carrera, no a un pariente. No murió nadie.

Harold murmura:

—Perdí.

—Lo sé. Estuve ahí. Recuerdo que te observé; fue maravilloso. *Estuviste* maravilloso. Él fue más maravilloso, eso es todo. Ese día ganó el mejor... Él estuvo a la cabeza, y no había nada que hacer. Ganó justamente».

—Bueno, se acabó —dice Abrams.

—Si no puedes soportar una derrota, quizá es lo mejor.

—No corro para soportar derrotas, ¡compito para ganar! —grita Harold— Si no gano, no corro.

Cybil se detiene y entonces le dice con firmeza:

—*Si no corres, no ganas.*

El fracaso como maestro

La historia de Parker Palmer nos indica otra parte importante de la administración del fracaso: tomarse el tiempo y tener el valor de aprender del fracaso.

En un libro llamado *Arte y Temor* se muestra la indispensable manera en la que el fracaso está ligado al aprendizaje. Un maestro de cerámica dividió a sus alumnos en dos grupos. Uno sería calificado solamente por la cantidad de trabajo: veintidos kilos de cerámica serían una «A», cuarenta una «B», etc. El otro grupo sería calificado por la calidad. Los estudiantes en este equipo tenían que producir solo una vasija, pero más les valía que fuera buena.

Sorprendentemente, las vasijas de la más alta calidad fueron producidas por el grupo de la cantidad. Parece ser que mientras que los alumnos del grupo de la cantidad producían vasijas en serie, aprendían continuamente de sus desastres y crecían como artistas. El grupo de la calidad se sentó a hacer teorías sobre la perfección y a preocuparse por esta, pero realmente nunca mejoraron.

Pedro estaba en el grupo de la cantidad. Su caminar sobre el agua no fue una obra perfecta. Pero, una vez que la hizo, Jesús lo ayudó a aprender de su fracaso («¿Por qué dudaste, hombre de poca fe?»). Su fe no era material tipo «A» todavía. Pero, por lo menos, era un poco más fuerte que la de los otros once discípulos sentados en el grupo de la calidad. La próxima vez que saliera, la fe de Pedro sería un poco más fuerte.

La cueva es el lugar donde podemos aprender del fracaso y seguir los planes de Dios. Un día, Saúl llevó a tres mil soldados consigo para buscar a David y descansaron dentro de una cueva. David y sus hombres estaban en el interior de esa misma cueva. Saúl y sus soldados eran presas fáciles.

David debió haber tenido muchos pensamientos tentadores: *Puedo salir de la cueva ahora mismo. No más escondites. No más fracaso. Podría ser el rey.*

Pero no los llevó a cabo. Descubrió allí, en la cueva, que más que ser rey, quería pertenecerle a Dios. Prefería agradar a Dios y habitar una cueva que desagradarlo y sentarse en un trono.

A largo plazo, ser rey, logrando éxito externo, no era un sueño suficientemente grande para David. Tenía uno mayor: agradar a Dios.

Contrastemos lo que aprendió David con Willy Loman. Willy es el personaje principal en el libro de Arthur Miller *La muerte de un vendedor* [*Deathof a Salesman*], una de las más grandes obras que se han escrito acerca del fracaso y los sueños no realizados. Willy invirtió toda su vida en lograr el sueño de convertirse en un vendedor irresistiblemente exitoso. Se tortura a sí mismo con la idea de que si fuera suficientemente persistente o si tuviese harta confianza en sí mismo, sería exitoso, lo cual concretaría la realización de sus sueños.

Si hubiese tenido el valor para enfrentar por completo el dolor de su sensación de fracaso, si hubiera podido sentarse quieto por un tiempo ante la realidad de su vacuidad, Willy podría haber percibido que estaba tratando de realizar el sueño equivocado y de convertirse en alguien que no era. Al final, comete suicidio.

La cueva del fracaso ofrece una valiosa oportunidad para aprender. Sin embargo, debemos estar dispuestos a hacer preguntas valientes:

—¿Busco realizar los sueños correctos?

—Lo que busco realizar, ¿es consecuente con el llamado de Dios para mi vida?

Encuentra el máximo refugio

En la cueva, David le dice a Dios: «Tú eres mi refugio». Por supuesto, conocemos el resto de la historia. Sabemos que David no murió allí. Sabemos que le esperaba una corona.

En algunas ocasiones, estás en una cueva y no hay acción humana que pueda sacarte de ahí. Hay algo que no puedes arreglar, sanar o de lo que puedas escapar y todo lo que puedes hacer es confiar en Dios.

El Hijo de David también perdió su posición, su estatus como maestro, su seguridad y sus garantías. Perdió no solo a su mejor amigo, sino a todos ellos, a pesar de sus enseñanzas y advertencias. Fue a la cruz y murió. Todos sus sueños propios y los que inspiró, parecieron morir con él. Y luego colocaron su cuerpo en una cueva. Ese fue el gran error. Su cuerpo estuvo allí durante tres días. Pero no pudieron mantenerlo allí. Olvidaron que Dios hace algunas de sus mejores obras en las cuevas.

CAPÍTULO 8

En seguida Jesús le tendió la mano y,
sujetándolo, lo reprendió:
— ¡Hombre de poca fe!
¿Por qué dudaste? Mateo 14.31

CONCÉNTRATE EN JESÚS

*Cada uno de nosotros lleva una palabra
en su corazón: un «no» o un «sí».*

Martin Seligman

*Todas las promesas que ha hecho
Dios son «sí» en Cristo.*

2 CORINTIOS 1.20

La primera vez que esquié fue en los Alpes Suizos. Un amigo mío, gerente de un campamento de deportes invernales, nos pagó el boleto de avión a mi esposa y a mí para volar desde Escocia, donde vivíamos con los escasos fondos obtenidos de una beca, y además pagó nuestros pasajes para ascender a la montaña. Luego de dos descensos por la pista del conejito, le dije a mi esposa, una ávida esquiadora, que estaba listo para algo más arriesgado. Nos montamos en una de las sillas de ascenso y rápidamente subimos a decenas de metros sobre el suelo.

«No mires hacia abajo», le sugerí.

Bajamos de aquella silla y agarramos algo llamado una barra T para el ascenso final. Por desgracia, cuando ya casi estábamos en la cima de la montaña, nos caímos de la barra. Estuvimos tirados en la nieve por un rato, esperando a un San Bernardo que nunca llegó. Docenas de esquiadores pasaban zumbando a nuestro lado y gritándonos consejos en alemán. La única palabra que podía entender era «tontof».

Otra pareja cayó (o saltó junto a nosotros por lástima) en el mismo lugar. Hans hablaba un poco de inglés y nos guió durante una hora a través de la nieve, que nos llegaba a las caderas, hasta que alcanzamos la pista de esquí más cercana. La pista tenía la marca de un diamante negro con una calavera y unos huesos cruzados. Descendí de la montaña a un ángulo de más o menos ochenta y cinco grados.

Fue entonces cuando Hans me dio la única lección de esquí que he tenido en toda mi vida: «No mires hacia abajo —me dijo—. Te asustará la pendiente y te abrumará la distancia. Cuando los esquiadores novatos miran hacia abajo, les da pánico y, cuando encaran derecho una pendiente de esta inclinación...» Dio un silbido e hizo un ademán no muy alentador con su mano.

Sospecho que ejecuté el peor descenso en esquí que ese alpe en particular había visto. Ejecutando vueltas tipo barredora de nieve, hacía todo lo posible para llevarlas a cabo frente a niños pequeños para que, en caso necesario, ellos detuvieran mi caída.

Solo hice una cosa bien: nunca miré hacia abajo. No fue muy bonito pero pude llegar hasta el pie de la montaña.

Cuando Pedro caminó sobre el agua, no se nos dice en el texto si Jesús le dijo algo o no. Si lo hizo, me imagino que sería en el tono de *Pedro, hagas lo que hagas, no mires hacia abajo*.

Pedro caminó sobre el agua. Se nos dice entonces que ocurrieron tres cosas. El centro de su atención se desplazó de Jesús a la tormenta. Sintió el viento. Este cambio de atención dio lugar a un conjunto nuevo de pensamientos y sentimientos que se centraron en el pánico y la incapacidad. «Tuvo miedo». Esto, a su vez, interrumpió su capacidad de continuar caminando en el poder de Jesús. Comenzó a hundirse y clamó: «¡Señor, sálvame!»

Cuando rescató a Pedro, Jesús le preguntó por qué dudó. Yo no creo que eso fue simplemente un ejercicio de consignar la culpa. Creo que, como todo buen maestro, Jesús en realidad quería que Pedro aprendiera de esta experiencia y, con ello, pudiera crecer.

La esperanza es el combustible

Mientras la mente de Pedro se concentró en Jesús, tuvo el poder de caminar sobre el agua. Pero cuando se concentró en la tormenta, su miedo hizo corto circuito con su capacidad de recibir el poder sustentador de Dios.

Existe una condición mental que es esencial para que vivamos el tipo de vida que anhelamos. Llámale esperanza, confianza o seguridad. Es la más sencilla y más grande diferencia entre quienes siguen intentando y los que renuncian. Cuando se pierde, igual que Pedro, estamos hundidos. *No mires hacia abajo*.

La esperanza es el combustible que hace funcionar el corazón humano. Un choque automovilístico o un accidente al lanzarse de cabeza a una piscina pueden paralizar el cuerpo, pero la muerte de la esperanza paraliza el espíritu.

La esperanza es la razón por la que existen hospitales y universidades.

La esperanza es la razón por la que existen los terapeutas y los consejeros y la razón por la que los Texas Rangers siguen haciendo su entrenamiento de primavera.

Ningún compositor sufriría angustiosamente por una partitura sin la esperanza de que una pequeña luz de belleza surgirá de esa lucha.

Pablo Casals siguió practicando el chelo durante cinco horas al día aun cuando ya era reconocido como el mejor violonchelista del mundo y aun cuando su edad era tan avanzada que el esfuerzo le hacía quedar exhausto. Alguien le preguntó qué le motivaba a hacer eso. «Me parece que estoy mejorando». Eso es esperanza.

Lewis Smedes escribió que, cuando Miguel Ángel trabajaba día tras día pintando el techo de la Capilla Sixtina, se desalentó a tal grado que decidió abandonar el proyecto.

Mientras el atardecer oscurecía la siempre oscura Capilla Sixtina, Miguel Ángel, cansado, adolorido y dubitabundo, descendió por la escalera desde el andamiaje en el que recostaba su espalda desde el amanecer, cuando comenzaba a pintar. Luego de tomar una solitaria cena, le escribió un soneto a su adolorido cuerpo. La última línea era... *No soy un pintor.*

Pero cuando el sol brillaba otra vez, Miguel Ángel se levantaba de su cama, subía a su andamiaje y trabajaba otro día en su magnífica visión del Creador.

¿Qué lo hacía subir la escalera? La esperanza.

La historia de cada personaje que Dios usa en la Biblia es el relato de la esperanza.

La esperanza es lo que hizo que Abraham dejara su hogar.

La esperanza es lo que hizo que Moisés se dispusiera a enfrentar a Faraón.

Podemos sobrevivir a la pérdida de un número extraordinario de cosas, pero nadie puede ir más allá de la esperanza. Cuando olvidamos esta sencilla verdad, somos como un ensamblador de vigas de acero que camina en una de ellas a cien metros sobre el suelo y comienza a mirar hacia abajo. Cuando nos concentramos en la abrumadora naturaleza de la tormenta más que en la presencia de Dios, entonces estamos en problemas. La Biblia a menudo habla de esto en términos de «perder el ánimo».

Jesús nunca llama a las personas para que se hundan. Con seguridad esto ocurrirá algunas veces, pero no es su intención; tu llamado jamás es una trampa para que fracases.

Moisés envió a doce exploradores para inspeccionar la tierra prometida y observar a sus enemigos. Diez de ellos reportaron que eran como gigantes. Dos dijeron: «vamos por ellos».

Los doce miraron la misma tierra, enfrentaron la misma situación y alcanzaron dos conclusiones diametralmente opuestas.

Jesús y sus discípulos estaban en una barca cuando llegó la tormenta. Los discípulos estaban tan asustados que se convencieron de que morirían; clamando con pánico, se desanimaron. Jesús se sentó en la misma barca, capeó la misma tormenta y tomó una siesta.

En estas historias, dos conjuntos de personas enfrentaron exactamente la misma situación. Exploraron la misma tierra prometida, soportaron la misma tormenta. Unos respondieron con paz, otros con pánico. Unos se desanimaron y otros cobraron ánimo.

No mires hacia abajo.

Impotencia aprendida

¿Cuál es el común denominador en los diez espías atemorizados y los soldados israelitas paralizados por Goliat?

Uno de los experimentos en sicología más influyentes del siglo veinte trató precisamente esta cuestión. Martin Seligman era un estudiante universitario en la Universidad de Pennsylvania durante la década de los sesenta, cuando se topó con un interesante fenómeno denominado «impotencia aprendida». Cuando a algunos perros se les suministraba una ligera descarga eléctrica de la que no tenían control, sin importar lo que los perros hicieran, no las podían detener. Las descargas simplemente se detenían al azar.

Luego, los perros fueron expuestos a una situación en la que podían detener las descargas *fácilmente*. Los pusieron en una caja que tenía una barrera baja a la mitad de ella; todo lo que tenían que hacer era pasar sobre la barrera al otro lado para que las descargas se detuvieran. Normalmente, los perros aprenden a hacer esto muy rápido. Cuando comienzan a recibir las descargas, empiezan a saltar por todos lados y descubren que cruzar la barrera les trae alivio. Sin embargo, esos perros previamente expuestos a las descargas aparentemente habían aprendido algo distinto: «aprendieron» que eran impotentes para detener las descargas. Llegaron a creer que, sin importar cuánto trataran, nada que hicieran significaría una diferencia. Así que dejaron de intentarlo. Simplemente se postraron y se rehusaron a moverse, aun cuando unos pocos pasos habrían hecho toda la diferencia del mundo.

Seligman describe el fenómeno de esta manera: «*La impotencia aprendida* es la reacción a rendirse y la respuesta de renuncia que siguen al creer que *no importa lo que hagas*».

La esperanza hace una extraordinaria diferencia. El desempeño académico de los estudiantes de primer año en la Universidad de Pennsylvania fue pronosticado con más precisión por las pruebas que midieron su nivel de optimismo que por sus calificaciones en la escuela preparatoria o su calificación en el examen general de desempeño académico norteamericano (SAT). Daniel Goleman escribe que: «Desde la perspectiva de la inteligencia emocional, tener esperanza significa que uno no se rendirá ante la ansiedad abrumadora, la actitud derrotista o la depresión al enfrentarse a retos difíciles o contratiempos. Ciertamente, la gente que tiene esperanza da muestras de menos depresión que otros al maniobrar por la vida en la búsqueda de sus metas, son en general menos ansiosos y tienen menos aflicciones emocionales».

Maestría en Jesús

La condición de impotencia aprendida cambia radicalmente cuando alguien decide creer en Dios y cree también que él se interesa y está activo en los asuntos humanos. Alburt Bandura es un sicólogo de la Universidad de Stanford que ha conducido investigaciones en lo que se denomina «autoeficiencia», es decir, la noción de que tengo dominio sobre los sucesos de mi vida y puedo manejar cualquier cosa que se me presente.

Pero para alguien que cree en Dios, el eje central no es simplemente aquello de lo que *yo* soy capaz. La cuestión real es qué es lo que Dios pueda querer hacer a través de mí. «Todo lo puedo en Cristo que me fortalece». Ahora bien, este no es un cheque en blanco. Significa que tengo gran confianza en que puedo enfrentarme a cualquier cosa que la vida me depare, que nunca necesito rendirme y que mis esfuerzos tienen poder, debido a aquel que obra dentro de mí.

Aquí es donde notamos que el optimismo y la esperanza para nada son la misma cosa. El optimismo requiere de lo que Christopher Lasch denomina una creencia en progreso: La esperanza incluye todas las ventajas sicológicas del optimismo, pero está fundamentada en algo más profundo. Cuando tengo esperanza, creo que Dios obra para redimir todas las cosas *a pesar de la forma como las cosas estén saliendo hoy para mí*. Entonces meditemos un poco acerca de lo que significa cultivar una *mente* dominada por este solo pensamiento: «Todo lo puedo en Cristo que me fortalece». ¿Qué hay que hacer para desarrollar mentes que se centren en Cristo cuando estamos en medio de las tormentas?

¿En qué está concentrada tu mente?

Imagina que tienes el automóvil de mejor desempeño en el mundo y decides que va a competir en las 500 millas de Indianápolis y dedicarte a ganar la competencia. ¿Cuáles son las probabilidades de que llenes el tanque con gasolina sin plomo y de bajo octanaje adquirida en una estación de servicio de descuento?

Estamos muy conscientes de que el combustible que le ponemos a las cosas determina en última instancia su desempeño y bienestar. Los elementos con los que alimentamos a todo lo que poseemos no son nada comparados con la importancia que tienen los elementos con los que alimentamos a nuestras mentes. El apóstol Pablo escribió: «...consideren todo lo verdadero, todo lo respetable, todo lo justo, todo lo puro, todo lo amable...» o, en otras palabras, «alimenten sus mentes».

Nuestra capacidad para vivir en esperanza, es decir, permanecer concentrados en Cristo durante la tormenta, depende en gran manera de lo que alimenta nuestras mentes. Así es como somos capaces de concentrarnos en el Salvador más que en la tormenta.

Quiero presentarte dos leyes que gobiernan nuestras vidas. La primera la podríamos denominar *ley del conocimiento*: Tú eres lo que piensas. El sicólogo Archibald Hart escribió que: «Las investigaciones demostraron que nuestros pensamientos influyen cada aspecto de nuestro ser». Estar llenos de confianza o de temor depende de la clase de pensamientos que habitualmente ocupan nuestras mentes.

Durante aproximadamente los últimos treinta años, el movimiento predominante en la sicología estadounidense es el que se conoce como sicología cognoscitiva, fundamentada en la realidad de que la manera en la que piensas es lo que resulta más determinante de ti:

La forma en que piensas define tus actitudes; moldea tus emociones; gobierna tu conducta; influencia profundamente tu sistema inmunológico y tu vulnerabilidad a la enfermedad. Todo lo que está relacionado contigo fluye a partir de la manera que piensas.

Pablo dijo: «No se amolden al mundo actual, sino sean transformados mediante la renovación de su mente».

Podemos llamar a la segunda la *ley de la exposición*: Tu mente pensará mayormente en aquello a lo que esté más expuesta. Lo que repetidamente entre a tu mente la ocupa, al cabo del tiempo la moldea y, en última instancia, se expresará en lo que haces y en lo que te conviertas. La ley de la exposición es tan inviolable como la de la gravedad.

Los niños están expuestos a miles de actos violentos y asesinatos en la televisión y, de formas todavía más gráficas, en el cine. Lo ven en juegos de vídeo y observan símbolos e imágenes asociadas con violencia de bandas callejeras magnificadas por la cultura popular. Luego actuamos con sorpresa cuando se inicia una pelea en las tribunas durante un partido de fútbol o cuando los tiroteos en la escuela preparatoria Columbine o Sandy Hook dejan devastada a toda una nación. La verdad es que, simplemente, nos hace falta la voluntad nacional y la autorrestricción para crear una sociedad que produzca mentes que no estén saturadas con violencia desde que nacen.

Estamos inundados de imágenes sexuales en las pantallas de televisión, terminales de computadoras, portadas de revistas y antesalas de los centros de exhibición de películas. Las imágenes y correos electrónicos sexualmente explícitos no solo se envían a adolescentes sino a niños que no tienen oportunidad de protegerse de algo a lo que ni siquiera saben que se están metiendo, y luego pretendemos estar impactados cuando los niveles de promiscuidad y adicción sexual se elevan y decrece la fidelidad y la estabilidad marital.

Me sorprende con qué frecuencia las personas piensan o viven como si pudieran salirse con la suya al violar la ley de la exposición. La gente dice: «Leo este material, observo estas imágenes o escucho estas palabras perversas pero en realidad no me afectan. En verdad no les pongo atención. Entran por un oído y sale por el otro».

Los científicos sociales se han dado cuenta de lo que los autores inspirados de la Escritura supieron desde siempre: ¡Oh, no, para nada!

Dice Isaías: «Tú guardarás en completa paz a aquel cuyo pensamiento en ti persevera». Todo depende del lugar en el que esté tu mente. Las buenas noticias son que puedes poner estas leyes a trabajar a *tu favor*. Si realmente quieres convertirte en cierto tipo de persona, alguien lleno de esperanza y concentrado en Cristo, debes comenzar a tener pensamientos que produzcan estas características.

Los continentes no descubiertos de la vida espiritual

Frank Laubach dedicó toda su vida a aprender a concentrarse en Jesús. Fue un sicólogo, educador y misionero en las Filipinas durante principios del siglo veinte y su carrera se derrumbó cuando vivía su década de los cuarentas. Perdió la oportunidad profesional que más deseaba. Sus planes para el pueblo maranao en las Filipinas fueron totalmente rechazados. Su esposa y él perdieron tres hijos por causa de la malaria, así que ella se llevó a su único hijo sobreviviente y se mudó a miles de kilómetros de distancia, dejando a Laubach en desesperada soledad.

Con profunda desesperación, Laubach se llevó a su perro Tip a la cima de la colina Signal, desde donde se podía ver completamente el Lago Lanao. Él escribió lo siguiente:

Tip tenía su nariz bajo mi brazo y trataba de lamer las lágrimas de mis mejillas. Mis labios se comenzaron a mover y me dio la impresión de que Dios hablaba.

«Hijo mío ... has fracasado porque en realidad no amas a los *maranaos*. *Te sientes superior a ellos porque eres blanco. Si solo olvidaras que eres norteamericano y pensaras solamente en cuánto los amo, ellos responderían*».

Al atardecer le contesté: «Dios, no sé si me hablaste a través de mis labios, pero si así fue, es cierto. Todos mis planes se han hecho trizas. Sácame de mí mismo y ven, toma posesión de mí y piensa tus pensamientos en mi mente».

Esto fue el principio de una experiencia espiritual notable en el siglo veinte. Laubach dedicó el resto de su existencia a la búsqueda de una vida en la que cada momento tuviera conciencia de la presencia de Dios y llevara a efecto una rica relación amistosa con él.

Los siguientes son algunos pensamientos basados en sus recomendaciones para permanecer concentrados en Cristo:

—En una reunión social, susurra en voz muy baja «Dios» o «Jesús» mientras observas a cada persona cerca de ti.

—Durante la hora de la comida, ten una silla extra a la mesa para que recuerdes la presencia de Cristo.

—Mientras lees un libro o una revista, ¡léesela a él!

—Cuando estés resolviendo problemas en el trabajo, en lugar de hablar contigo mismo acerca del problema, desarrolla un nuevo hábito de hablarle a Cristo.

—Conserva una ilustración de Jesús o una cruz o un versículo de la Escritura en algún lugar en donde lo veas justo antes de dormir.

El poder de tales hábitos, tal como lo descubrió Laubach, no reside en que simplemente cambiaron los patrones de su vida, aunque eso ya tiene considerable poder. El significado real de esta forma de vida es que lo abrió completamente a la realidad espiritual y al poder que, en efecto, estuvo alrededor de él todo el tiempo.

Laubach tuvo logros a nivel mundial en alfabetización y enseñanza e incluso fue consejero en política exterior para los presidentes estadounidenses.

Sin embargo, el arte que realmente dominó fue concentrarse en Cristo.

Medita en la Escritura

Las Escrituras contienen pasajes que hablan acerca de meditar en la Palabra de Dios. El salmista dice que las personas piadosas meditan en la Palabra «de día y de noche». ¿Qué tan cierto es eso?

¿Sabes cómo preocuparte? Si sabes preocuparte, sabes meditar. Meditar significa meramente pensar una vez tras otra en alguna cosa, que fermente en tu mente. Reflexionar en eso desde diferentes ángulos hasta que se convierta en parte de ti. Memorizar la Escritura es una parte importante de mantener una mente concentrada en Jesús. Quizás memorizar era un trabajo difícil. Tal vez pasas un mal rato tratando de encontrar tu automóvil en un estacionamiento; o te toma dos o tres intentos recordar el nombre correcto de tu hijo (y resulta que es tu único).

La cuestión de memorizar la Escritura no tiene que ver con cuántos versículos puedes memorizar. La cuestión es lo que ocurre en tu mente en el proceso de repasar la Escritura.

Un amigo me envió hace poco una tarjeta que decía: «Que el Señor de la esperanza te dé todo gozo y paz mientras confías en él, de manera que estés lleno de esperanza por el poder del Espíritu Santo».

Cuando pienso en esa sencilla afirmación, recuerdo que:

—Dios es la fuente de toda esperanza;

—Aun hasta este día, sigue queriendo llenar mi cuerpo no solo con gozo y paz, sino con *todo* gozo y paz;

—Su deseo es que no solamente tenga esperanza, sino que *rebose* de esperanza;

—Este proceso no depende de mi poder, sino del poder del Espíritu Santo que obra en mí.

Conserva tu tenedor

Una de las herramientas más importantes para concentrar nuestras mentes está relacionada con los rituales. Crecí en una tradición que era muy reservada en el uso del «ritual» en la vida espiritual pero, en efecto, los rituales son usualmente indispensables para la vida humana saludable.

Un libro de reciente publicación dirigido a los «atletas corporativos» describe que quienes se desempeñan al más alto nivel utilizan, entre otras cosas, una serie de ritos que les ayudan a concentrar sus mentes y energías, permitiéndoles estar totalmente presentes en sus trabajos.

Por eso me he apropiado de ciertos ritos y símbolos que me ayudan a mantener mi mente concentrada en Cristo:

—Tengo un clavo en mi oficina, del tamaño de los clavos que pudieron haber sido usados en la cruz. En algunas ocasiones, mientras oro, lo sostengo en mi mano para recordar lo que Jesús sufrió por mí.

—Tengo la estatua de un niñito que está abrazando a un padre amoroso. Cuando oro, suelo mirarlo y pienso que Dios me ama de esa manera.

—Tengo una piedra con una palabra escrita en ella. Me la dio un muy buen amigo, que afirma que esta es una cualidad que ve en mi vida. Yo no la veo mucho, pero deseo verla bastante. Es una palabra de Dios para mí, y en algunas ocasiones oro respecto a ella.

—Tengo una gran oración, enmarcada y puesta en la pared. Se le atribuye a San Patricio, siglos atrás. La llaman «Lorica», el cual es el nombre del manto de una armadura romana que se usaba para protección de quien lo vestía:

Hoy me levanto por la fuerza de Dios para que me comande:
El poder de Dios me sostenga,
La sabiduría de Dios me dirija,
La mirada de Dios mire antes que yo,
El oído de Dios me escuche,
La palabra de Dios hable por mí,
La mano de Dios me guarde.
Cristo en mí, Cristo delante de mí, Cristo tras de mí,
Cristo en mí, Cristo debajo de mí, Cristo sobre mí,
Cristo a mi derecha, Cristo a mi izquierda,
Cristo cuando reposo, Cristo cuando me siento, Cristo cuando me levanto.
Cristo en el corazón de todo el que piensa en mí,
Cristo en la boca de todo el que habla de mí,
Cristo en la mirada que me ve,
Cristo en el oído que me escucha,

Hoy me levanto
Por una poderosa fuerza: la invocación de la Tri-
nidad.

¿Cómo se ve una mente que está concentrada en la
esperanza? Recientemente leí sobre una mujer a la que
le diagnosticaron cáncer y a la que le pronosticaron tres
meses de vida. Su doctor recomendó que hiciera todos
los preparativos para morir, así que se puso en contacto
con su pastor y le dijo cómo quería su servicio funeral,
qué cantos quería que se entonaran, qué porciones de
la Escritura quería que se leyeran, qué palabras quería
que se dijeran, y que quería ser sepultada con su Biblia
favorita.

Pero antes de que su pastor se fuera, ella le dijo:

—*Una cosa más.*

—¿Qué?

—*Es muy importante. Quiero ser sepultada con un
tenedor en mi mano derecha.*

El pastor no supo qué decir. Nadie le había hecho esa
solicitud antes, así que ella procedió a explicarle:

—Todos los años en los que asistí a una actividad de
la iglesia, siempre que había que comer, mi parte favorita era cuando la persona que recogía los platos de la
comida principal se inclinaba y me decía: *Conserve su
tenedor.*

«Era mi parte favorita porque sabía que algo grande
estaba por venir. No era gelatina. Era algo sustancioso,
pastel o dulce. Así que quiero que la gente me vea en mi
ataúd con un tenedor en la mano y quiero que se pregun-
ten: ¿*Y por qué el tenedor?* Entonces quiero que usted
les diga: *Viene algo mejor. Conserven su tenedor*».

El pastor le dio a la mujer un abrazo de despedida. Poco después, murió. En el servicio fúnebre la gente vio el vestido que ella escogió, la Biblia que ella amaba y escuchó los cantos que a ella le gustaban, pero todos hicieron la misma pregunta: «¿Y por qué el tenedor?»

El pastor explicó que esta mujer, amiga de todos, quería que supieran que para ella, o para cualquiera que muere en Cristo, ese no era un día de derrota. Se trataba de un día de celebración. La verdadera fiesta solo estaba comenzando.

Algo mejor está por venir.

Así que, esta semana, ¿por qué no haces del humilde tenedor tu icono personal? Cuando te detengas para dar gracias a Dios por el alimento, dale gracias también por la esperanza. Cada vez que tomes en tu mano el tenedor, recuerda que «Algo mejor está por venir».

CAPÍTULO 9

Cuando subieron a la barca, se calmó el viento. MATEO 14.32

APRENDE A ESPERAR

Esperar es la obra más difícil de la esperanza.

Lewis Smedes

Esperar con paciencia no es el fuerte de la sociedad estadounidense.

El automóvil de una mujer se detiene en medio del tráfico. Mira el motor tratando de identificar la causa en vano, al tiempo que un automovilista detenido atrás se recarga implacablemente sobre su claxon. Finalmente, ella llega al límite de su paciencia. Camina hacia la parte trasera de su automóvil y sugiere con dulzura: «No sé qué le pasa a mi auto. Pero si usted quiere ir a darle un vistazo al motor, con todo gusto me quedo aquí y sigo tocando su claxon».

No somos un pueblo paciente. Tendemos a permanecer en la prisa del ruido del claxon, el horno de microondas, el envío por paquetería especial, la comida instantánea y el pago en cajas rápidas. A la gente no le gusta esperar en el tráfico, en el teléfono, en la tienda o en la oficina postal.

¿Qué tan bien sabes esperar?

En una caseta de cobro en la carretera, el automovilista en el auto frente a ti mantiene una conversación prolongada con el cobrador de la caseta. Tú:

A. Estás feliz de que compartan la caseta y piensas unirte a ellos para formar una tertulia.
B. Sueñas despierto con cosas que te gustaría decirle al operador de la caseta.
C. Intentas conducir tu vehículo entre el auto de la otra persona y la caseta de cobro.

A la mayoría de nosotros no nos gusta esperar, así que nos encanta el hecho de que Mateo nos muestre que Jesús es el Señor de la acción inmediata. En pocos párrafos, Mateo utiliza en tres ocasiones las palabras *en seguida*, siempre relacionándolas con Jesús: él hizo que los discípulos subieran a la barca y se le adelantaran, «en seguida». Cuando los discípulos pensaron ver un fantasma y clamaron con temor, el Señor les respondió «en seguida». Cuando Pedro comenzó a hundirse y clamó por ayuda, Jesús extendió su mano «en seguida» y lo agarró.

Los actos de Jesús son rápidos, selectivos y decisivos. Y con todo y eso, esta historia tiene que ver con esperar.

No fue sino hasta que terminó todo el episodio que los discípulos obtuvieron lo que querían: «se calmó el viento». ¿Por qué Jesús no hizo que el viento se calmara «en seguida», en cuanto se percató del temor de los discípulos? Eso habría facilitado la caminata de Pedro. En apariencia, sin embargo, Jesús sintió que ganarían algo con la espera.

Así es que, en este penúltimo capítulo y antes de que se apresure a caminar sobre el agua, quiero que consideres la actividad en la que Pedro y los discípulos se ocuparon hasta el final: esperar.

Digamos que decides salir de la barca. Confías en Dios y das un paso de fe como, por ejemplo, renunciar con valentía a un cómodo trabajo para consagrarte al llamado de Dios; utilizarás un talento que crees que Dios te ha dado aun cuando estás muerto de miedo; correrás riesgos en tus relaciones personales aun cuando detestas que te rechacen; volverás a estudiar aunque la gente te diga que, financieramente hablando, eso no tiene sentido; decides que confiarás en Dios y saldrás de la barca. ¿Qué ocurre después?

Bueno, es posible que experimente una imparable y tremenda descarga de emoción. Tal vez tendrás una confirmación inmediata de su decisión: las circunstancias coincidirán, cada riesgo dará resultados, sus esfuerzos serán coronados de éxito, su vida espiritual crecerá mucho, su fe se duplicará y sus amigos se maravillarán.

Quizás. Pero no siempre. Por una buena razón, Dios no siempre actúa a la velocidad de nuestro frenético ritmo.

Algunas formas de espera, tanto en las carreteras rápidas como en las salas de los consultorios médicos, son bastante triviales con respecto al esquema general de las cosas. Sin embargo, existen tipos de espera más serios y difíciles:

—La espera de una persona soltera porque Dios le haya reservado a su pareja en matrimonio, pero que está comenzando a desesperarse

—La espera de una pareja sin hijos que ansiosamente quieren iniciar una familia

—La espera de Nelson Mandela sentado en una celda durante veintisiete años preguntándose si es que algún día saldría libre o si su país alguna vez conocería la justicia

—La espera de alguien que anhela tener un trabajo significativo pero que parece no encontrarlo

—La espera de una persona profundamente deprimida, anhelando una mañana en la que se levantará con deseos de vivir

—La espera de un niño que se siente torpe y lento y que anhela el día en el que sea seleccionado antes que otro en el campo de juego

—La espera de las personas de color por ese día en el que los hijos de todas las personas sean juzgados «no por el color de su piel sino por el contenido de su carácter»

—La espera de un anciano en un asilo, solo, gravemente enfermo, que solo aguarda la muerte

Todos y cada uno de nosotros, en ciertas coyunturas de nuestras vidas, tendremos que aprender a esperar.

Lewis Smedes escribe:

Esperar es nuestro destino como criaturas que no pueden obtener por sí mismas aquello en lo que tienen esperanza.

Esperamos en la oscuridad una llama que no podemos encender.

Esperamos con temor un final feliz que no podemos escribir.

Esperamos un «todavía no» que se siente como un «nunca».

Esperar es la obra más difícil de la esperanza.

Esperar puede ser lo más difícil a lo que somos llamados. Por eso es frustrante cuando nos volvemos a la Biblia y descubrimos que Dios mismo, que es Todopoderoso y Omnisciente, no deja de decirle a su pueblo: *Espera*. «Guarda silencio ante el Señor, espera en él con paciencia ... Pero tú, espera en el Señor, y vive según su voluntad, que él te exaltará para que heredes la tierra».

En la Biblia, esperar está tan íntimamente ligado con la fe que, en algunas ocasiones, las dos palabras se usan indistintamente. La gran promesa del Antiguo Testamento era la venida del Mesías. Pero Israel tuvo que esperar, generación tras generación, siglo tras siglo.

Pero ni aun la llegada de Jesús significó que la espera terminaba. Jesús vivió, enseñó, fue crucificado, resucitó y estaba por ascender cuando sus amigos le preguntaron: «Señor, ¿es ahora cuando vas a restablecer el reino a Israel?»

Y vino el Espíritu Santo, pero eso tampoco significó que el tiempo de espera había terminado.

Tan solo en el Antiguo Testamento, se le ordena cuarenta y tres veces al pueblo que «Esperen. Esperen en el Señor».

Las últimas palabras escritas en la Biblia tienen que ver con la espera: «El que da testimonio de estas cosas, dice: "Sí, vengo pronto"». *Es posible que no parezca pero, a la luz de la eternidad, es pronto. Resiste.*

La habilidad más importante de un caminante sobre el agua

La capacidad de esperar bien es una prueba de madurez. Los sicólogos mencionan la habilidad de soportar el aplazamiento de la gratificación. M. Scott Peck escribe que «El aplazamiento de la gratificación es el proceso de calendarizar el dolor y el placer de la vida de tal manera que se mejore enfrentando y experimentando primero el dolor y recuperándose de él. Esa es la única forma decente de vivir».

Daniel Goleman, autor de «inteligencia emocional», denomina a la habilidad de esperar «la aptitud maestra».

Pablo escribió que, mientras esperamos que Dios arregle todo, sufrimos. Sin embargo, el sufrimiento produce resistencia; la resistencia, carácter; y el carácter, esperanza. Dios produce estas cualidades en nosotros mientras esperamos. Esperar no es simplemente una cosa más que tenemos que hacer mientras obtenemos lo que deseamos. Esperar es parte del proceso de llegar a ser lo que Dios quiere que seamos.

¿Qué significa esperar en el Señor? Comencemos con una palabra acerca de lo que, bíblicamente, *no* significa esperar. No se trata de una espera pasiva porque ocurra algo para ayudarle a salir de sus problemas. La gente a veces usa la frase «estoy esperando en el Señor», como una excusa para no enfrentar la realidad, para no admitir su responsabilidad o para no actuar de la manera apropiada.

He escuchado de personas con espantosos hábitos financieros, tales como gastar compulsivamente o negarse a ahorrar y que, justo a la mitad de un gran desorden monetario, dicen: «Estamos esperando la provisión del Señor...» Esto cuadra perfectamente en la categoría teológica del ¡No seas tonto! En este caso, esperar en el Señor no significa sentarse a esperar una carta de la compañía emisora de tarjetas de crédito que diga «Le pagaremos doscientos dólares por causa de un error a su favor por parte del banco». Más bien, podría significar arrastrar a su pequeño yo financiero a una fuente en la que pueda aprender los principios bíblicos de una vida de buena mayordomía. Podría significar cultivar nuevos hábitos financieros como el uso de presupuestos, el diezmo y posponer la compra de cosas hasta que realmente se tenga el dinero suficiente para pagarlas. Esperar en el sentido bíblico no es algo pasivo; no se trata de una forma de evadir la realidad que nos incomoda.

Esperar en el Señor es aferrarse a Dios de una manera confiada, disciplinada, expectante, activa y, en ocasiones, dolorosa.

Esperar en el Señor es la decisión diaria y continua para decir: «Confiaré en ti y te obedeceré. Aun cuando las circunstancias de mi vida no sean de la manera como quiero, y tal vez nunca sean de la forma en que lo prefiero, estoy arriesgando todo por ti. No tengo plan alterno».

Y entonces, ¿cuál es el costo de esperar bien?

Confianza paciente

Esperar en el Señor requiere de una confianza paciente. ¿Confiaré en que Dios tenga buenas razones para decir «espera»? ¿Recordaré que Dios ve las cosas diferentes porque él cuenta con una perspectiva eterna?

Pedro escribió: «Pero no olviden, queridos hermanos, que para el Señor un día es como mil años, y mil años como un día. El Señor no tarda en cumplir su promesa, según entienden algunos la tardanza. Más bien, él tiene paciencia con ustedes, porque no quiere que nadie perezca sino que todos se arrepientan». Dicen que una vez un economista leyó estas palabras y se emocionó mucho.

—Señor, ¿es verdad que mil años para nosotros son como un minuto para ti?

—Sí.

—Entonces un millón de dólares para nosotros debe ser solo un centavo para ti.

—Sí.

—Señor, ¿me darías uno de esos centavos?

—Por supuesto. Espera aquí un minuto.

Debe haber confianza paciente: confianza que está dispuesta a esperar una y otra vez, día tras día.

Te sientes tentado a pensar así: «Ya he esperado el tiempo suficiente. Estoy cansado. Voy a aceptar cualquier satisfacción que pueda darme esta vida y después me preocuparé por las consecuencias».

Es posible que sueñes con ciertos logros en tu trabajo o en algún área de tu ministerio. Pero no está ocurriendo lo que esperabas; no conoces la razón, pero sí sabes que duele. Eres tentado a forzarlo presionando, manipulando o tramando para obtener lo que quieres.

O quizás estés tentado a dejar de hacer intentos por desarrollar el potencial que Dios te dio y dejarte llevar por la corriente. ¿Tendrás la paciencia para no forzarlo ni abandonarlo, sino para esperar pacientemente, para continuar aprendiendo acerca de tus dones, para recibir con humildad retroalimentación y dirección de otros, para crecer un paso a la vez y confiar en el plan de Dios más que en lo que crees que es tu necesidad?

¿Cómo parece que es esperar con confianza paciente?

Humildad confiada

Esperar en el Señor también requiere de humildad confiada. Dijo el profeta: «El producto de la justicia será la paz; tranquilidad y seguridad perpetuas serán su fruto».

El resultado de la justicia, tal como él lo discierne, serán dos cualidades del carácter. La primera es la confianza, no tanto en mí mismo como en aquel que me sustenta. Es la seguridad de que Dios es capaz. Implica una orientación intrépida hacia el futuro. La segunda cualidad es la quietud, lo opuesto a la arrogancia y a la jactancia, un reconocimiento humilde de mis propios límites.

En la sociedad norteamericana existe una correlación directa entre el estatus social y la espera. Mientras más alto sea tu estatus, menor es el tiempo que esperas. La gente de estatus social bajo siempre espera a la de estatus social más alto.

Esperar es algo bueno para las personas como yo. Me recuerda que no tengo el control. Yo soy el paciente. Estoy en la sala de espera.

La oración nos permite esperar sin preocupaciones. Hace unas cuantas noches no podía dormir. Estaba perturbado por toda clase de pensamientos del tipo «¿y qué ocurre si...»: ¿Y si eso no cambia? ¿Y si no recibo lo que quiero tanto? Por mi mente pasaban pensamientos desesperados. Había un poco de verdad en ellos, es decir, cosas malas que podrían ocurrir, pero no me estaban llevando a la vida.

Poco después de eso, leí el recuento de Jesús y sus amigos en una barca, bajo el azote de una tormenta. Los discípulos estaban desesperadísimos debido a que, ¿lo recuerdas?, Jesús dormía.

Y entonces me impactó: hay una experiencia que Jesús nunca tuvo. Él había experimentado virtualmente toda emoción humana: sufrimiento, gozo, dolor. Había estado cansado, molesto y esperanzado. Pero hubo una sola cosa que nunca experimentó: Nunca estuvo preocupado. Nunca tuvo pánico. En ese momento, me di cuenta de que Dios nunca está desesperado.

Esperar en el Señor requiere de
una esperanza inextinguible

Pablo escribió: «Porque en esa esperanza fuimos salvados. Pero la esperanza que se ve, ya no es esperanza. ¿Quién espera lo que ya tiene? Pero si esperamos lo que todavía no tenemos, en la *espera* mostramos nuestra paciencia».

La esperanza a la que se refiere es, en sí misma, una forma de espera.

Si estás esperando en el Señor en estos días, es decir, si le estás obedeciendo, pero no ves aún los resultados que deseas, necesitas saber que en la Biblia hay una maravillosa promesa ligada a esta espera.

Aun los jóvenes se cansan, se fatigan,
     y los muchachos tropiezan y caen;
pero los que confían [esperan] en el Señor
     renovarán sus fuerzas;
volarán como las águilas:
     correrán y no se fatigarán,
caminarán y no se cansarán.

Tu vida estará, algunas veces, en tiempo de remontarte espiritualmente como las águilas. Tal vez te encuentres ahí en este momento. Simplemente, eres transportado a lo alto en el poder de Dios. Estás fuera de la barca.

Pero hay otra línea en la descripción de Isaías. A veces, no estamos remontando el vuelo, pero corremos sin cansarnos. Sin embargo, con persistencia y determinación, sabes que estás corriendo la carrera. No trates de producir artificialmente el éxtasis espiritual. No te compares con alguien que en este momento remonte el vuelo. Ya llegará tu oportunidad. Solo sigue corriendo.

Luego viene la tercera condición que describe Isaías. En ocasiones no estamos remontando el vuelo y no podemos correr por causa de la duda, el dolor, la fatiga o el fracaso. En esas veces, todo lo que podemos hacer es caminar y no desmayar. Eso no es caminar sobre el agua. Es, simplemente, caminar.

En el Día D. se pagó un precio increíble para ganar unos cuantos metros de terreno en la playa Omaha, en Normandía. Costó sangre. En cierto sentido, al final del Día D, el cambio fue poco. La gran mayoría del continente europeo todavía estaba, igual que el día anterior, bajo el poder de la esvástica. Solo este pequeño pedazo de terreno —de unos cuantos metros de arena en una oscura extensión de playa en un solitario país—, era lo único que no estaba bajo el dominio del enemigo. Las fuerzas aliadas serían un poco más fuertes cada día. Todavía habría muchísimas batallas, muchísimo sufrimiento, muchísimas muertes. Pero ahora era solo cuestión de tiempo.

Hasta que, un día, París fue liberada. Luego toda Francia. Los campos de concentración nazi fueron invadidos. Los prisioneros liberados.

Luego llegó el Día VE: Victoria en Europa. Luego el Día VJ: Victoria sobre Japón en el Pacífico. Los soldados podían regresar a casa.

Pero la realidad es que la victoria quedó sellada en el Día D. Después de este, el Día VE fue solo cuestión de tiempo. Cierta vez una mujer dio a luz a su hijo, un niño destinado a regir sobre todas las naciones con cetro de hierro. Él enseñó acerca de, y vivió en, cierto reino, un tipo de vida que el resto de nosotros siempre soñó pero que difícilmente se había atrevido a esperar.

Pienso que en algunas ocasiones de la vida de Jesús, como cuando estuvo en el Monte de la Transfiguración, el Señor remontó el vuelo. En otras ocasiones, cuando enfrentó la oposición de los líderes religiosos, la vida le fue más difícil. Pero se mantuvo corriendo. Pero cuando llegó el momento de tomar el camino al Calvario, no estaba remontando el vuelo. Cuando la cruz se colocó en su espalda lastimada y sangrante, no estaba corriendo. Caminó. Era un hombre joven, pero ese día tropezó y cayó. Todo lo que pudo hacer fue levantarse otra vez y caminar un poco más.

Algunas veces, todo lo que podemos hacer es caminar. Pero en esas ocasiones, eso es suficiente. Tal vez es cuando la vida es más difícil, cuando queremos más que nunca dejar todo; pero le decimos a Dios: «No renunciaré a esto. Seguiré poniendo un pie delante del otro. Tomaré mi cruz. Seguiré a Jesús aun en este camino». Quizás Dios aprecia nuestro caminar aun más de lo que estima que remontemos el vuelo o corramos.

En todo caso, pagando un precio —que nadie llegará a entender totalmente jamás—, Jesús caminó al Calvario. Tomó sobre sí mismo, en la cruz, todo el quebranto de la raza humana.

Todo el sufrimiento del Día D en la Playa Omaha.

Y todo el sufrimiento por causa de todo el pecado y dolor de cada día de la historia de los seres humanos desde la caída.

Después del sábado, antes de que sus amigos fueran a ocuparse de su cuerpo, la piedra fue cambiada de lugar, removida. En un sentido, nada había cambiado. Pilatos y los sumos sacerdotes todavía tenían el control; César aún reinaba y ni siquiera conocía el nombre de este oscuro Mesías en un país remoto.

En primera instancia nadie lo supo, excepto un par de mujeres; pero ese fue el Día D. Ahora había una abertura. Pequeña inicialmente, no mayor que la entrada a una tumba.

Cada vez que te involucras en la batalla, cada vez que resistes el pecado, cada vez que proclamas el evangelio, cada vez que das una porción de tus recursos para engrandecer el reino, cada vez que ofreces un vaso de agua fría en el nombre de Jesús, cada vez que «esperas en el Señor»; en cada ocasión, esa abertura se hace un poco más grande. La oscuridad es replegada un poco más. La luz se hace un poco más fuerte.

En nuestro mundo, hay algunos corredores bastante veloces. Hay algunas águilas que remontan el vuelo mucho más alto que lo que podemos ver. Es difícil ser alguien que camina cuando se está rodeado por corredores y águilas. Sin embargo, en algunas ocasiones, caminar es lo mejor que podemos ofrecerle a Dios. Él entiende todos los detalles al respecto. Caminar también cuenta.

Y un día llegará la liberación. No nos equivoquemos: Habrá todavía muchas batallas, mucho sufrimiento, muchas muertes. Pero el Día D ya ocurrió, cuando nadie estaba mirando. Al final de ese día, todo había cambiado. Así que sigue caminando, porque lo que esperamos no es más importante que lo que nos ocurre mientras aguardamos.

Solo es cuestión de tiempo.

CAPÍTULO 10

Y los que estaban en la barca lo adoraron diciendo:
—Verdaderamente tú eres el Hijo de Dios.

MATEO 14.33

¿CUÁN GRANDE ES TU DIOS?

*Señor, ayúdame a hacer las cosas grandes como si se
tratara de cosas pequeñas, pues las hago en tu poder;
y ayúdame a hacer las cosas pequeñas como si se
tratara de cosas grandes, pues las hago en tu nombre.*

Blaise Pascal

¿Cuán grande es tu *Dios*? ¿Qué tan grande es Cristo en
tu vida?

Dale Bruner señala que, justo a la mitad de la historia
de la caminata sobre el agua, está la palabra que tiene
el poder de calmar las tormentas de temor en el pueblo
atribulado de Dios: «¡Cálmense! SOY YO. No tengan
miedo». Las traducciones anglosajonas casi siempre aña-
den una palabra que no se encuentra en el griego: «Yo
soy él» o «Se trata de mí». Pero Mateo utiliza la versión
griega del nombre revelado por Dios mismo, grande y
misterioso: «Yo soy el que soy»; «Yo soy me ha enviado
a ustedes».

Jesús pretende que sus seguidores, tan propensos al temor, entiendan que esta tierra está en las manos de un Señor infinito cuyo carácter y capacidad son dignos de confianza. «De esto se trata, mis amigos —les dice—, ¡Cálmense! SOY YO. No tengan miedo».

Creo firmemente que la forma en la que vivimos es una consecuencia del tamaño de nuestro Dios. El problema que tenemos muchos es que percibimos a Dios como muy pequeño. Al levantarnos por las mañanas, ¿qué pasaría si viviéramos con un Dios que percibimos como pequeño?

Viviríamos en un estado de temor y ansiedad constantes debido a que todo dependería de *nosotros*. Nuestro humor es gobernado por nuestras circunstancias. Vivimos en un universo que nos deja profundamente vulnerables.

Cuando tenemos una oportunidad de hablar de nuestra fe, encogemos nuestros hombros: ¿qué tal si nos rechazan o si no encontramos las palabras adecuadas?

No podemos ser generosos porque nuestra seguridad financiera depende de nosotros.

Si enfrentamos la tentación de decir palabras engañosas para evitar el dolor, probablemente caeremos en ella. Si alguien se enoja con nosotros o nos desaprueba, nos quedamos hechos un nudo: no tenemos la seguridad de saber que un Dios gigante nos está cuidando.

Entonces, ¿cómo cambio mi perspectiva?

Hay una palabra que define el proceso por medio del cual los seres humanos llegan a percibir y declarar lo vasto, digno y fuerte de Dios. Es: adoración.

¿Por qué insiste Dios en la adoración?

¿Alguna vez te has preguntado por qué Dios insiste en ser adorado?

Cuando mis hijas eran muy pequeñitas, solía jugar con ellas preguntándoles: «¿Quién es el hombre más inteligente, fuerte, loco, guapo, encantador y atractivo de todo el mundo?»

Quedaban calladas por un buen rato, como si estuvieran reflexionando profundamente en el asunto, y luego gritaban: «¡San Nicolás!» Luego gritaban y reían, como si hubieran dicho lo más cómico del mundo. Conforme iban creciendo, San Nicolás fue sustituido por Abelardo de Plaza Sésamo, el Sr. Rogers, Brad Pitt o por uno de los antiguos amigos de su mamá, cuyos números llegan a contarse por legiones. Al cabo del tiempo dejé de jugar con esa pregunta.

Mis hijas tenían la salud mental suficiente para saber que no se refuerzan las necesidades narcisistas del ego de alguien sentándose cerca de él o ella y diciéndole cuán grande es.

Entonces, ¿por qué razón insiste Dios en que lo adoremos? ¿En verdad necesita tener a un planeta lleno de criaturas que pasen vastas cantidades de tiempo y esfuerzo soñando en diversas maneras de decirle cuán grande es él? ¿Acaso no lo sabe ya?

La adoración no tiene que ver con satisfacer las necesidades insatisfechas del ego de Dios. Él nos ha hecho de tal forma que, cuando experimentemos algo trascendente y grande, tengamos la necesidad de alabarlo. Nuestra experiencia es incompleta hasta que podemos envolverla con palabras. Cuando miramos el Gran Cañón por primera vez, un arco iris doble o un nido de polluelos de garza alistándose para su primer vuelo, algo en nuestros espíritus demanda que expresemos el gozo que recibimos.

Adoramos a Dios no porque su ego lo necesite sino porque, sin la adoración, nuestra experiencia y regocijo con él no están completos. No adoramos a Dios porque lo necesite, sino porque *nosotros* lo necesitamos.

Necesito adorar.

Necesito adorar porque, si no lo hago, puedo olvidarme de que tengo a un gran Dios a mi lado y puedo vivir con temor. Necesito adorar porque, si no lo hago, puedo olvidarme de su llamado y comenzar a vivir en un espíritu de autopreocupación. Necesito adorar porque, si no lo hago, pierdo la sensación de admiración y gratitud y comienzo a andar por la vida con paso lento y anteojos puestos. Necesito adorar porque soy naturalmente propenso a la autodependencia y a la independencia obstinada.

No creo que sea un accidente que la historia de Pedro caminando sobre el agua termine de esta forma: «Cuando subieron a la barca, se calmó el viento. Y los que estaban en la barca lo adoraron diciendo: —Verdaderamente tú eres el Hijo de Dios». Aquí opera un patrón que se registra repetidas veces en la Escritura y que necesito que se convierta también en parte de mi vida: Dios se revela. Después, reflejamos lo que Dios ha hecho y respondemos en adoración. Entonces crece nuestro entendimiento de Dios.

Jesús «pasa a nuestro lado». Este pasar a nuestro lado puede ser de una forma dramática: en una zarza ardiente, en una columna de fuego, en una caminata sobre el agua. Pero, a menudo, ocurre de maneras que pueden pasarnos desapercibidas fácilmente: en una voz tranquila y baja o a través de un bebé en un recóndito pesebre. Dios puede «pasar» a tu lado en las palabras reconfortantes de un amigo o en la belleza de un día de primavera cuando la tierra comienza a volver a la vida y te das cuenta de que los cielos realmente «cuentan la gloria de Dios».

Y, en otras ocasiones, será en el acto de salir de la barca que veo a Jesús pasar a mi lado y veo a un Dios que es más grande de lo que imaginé.

Reflejamos lo que Dios ha hecho

La versión de Marcos respecto a la historia de la caminata sobre el agua afirma que los discípulos estaban sumamente asombrados «porque tenían la mente embotada». No podían ver todavía que, en Jesús, *Dios se reveló a sí mismo*.

Cuando me detengo a reflexionar en lo que Dios ha hecho, trato de suavizar la dureza de mi corazón. En vez de transitar mi día con los anteojos puestos, me *percato* de las cosas.

Los sicólogos se refieren a una frecuente condición humana a la que denominan *mecanicidad*. En ese estado, mi cuerpo está presente, pero mi mente flota en cualquier otro lado con piloto automático. Muchos sufrimos de esta mecanicidad de vez en cuando. Para algunos se ha convertido en nuestro estilo de vida.

La mecanicidad es una las cosas esenciales que nos alejan de la adoración. Irónicamente, vivimos en una época que trata de eliminar el misterio aunque, después, lo extrañamos. Tenemos aparatos identificadores de llamadas, sabemos el género de los bebés antes de que nazcan, las encuestas nos dicen a quién elegimos antes de que termine la votación, los programas de televisión revelan los secretos que los magos siempre habían mantenido ocultos: destruimos el asombro por las cosas y luego nos condolemos por no sentirlo.

Pero Dios es demasiado grande para los asesinos del asombro. Así que necesitamos reflejarlo un poco.

Hacemos una pausa para considerar el milagro llamado vida, el cual causa que nuestros pulmones continúen succionando aire aunque no recordemos dar esa orden; el que también causa que nuestros ojos se abran en la mañana de manera que resucitemos cada nuevo día después de la «minimuerte» llamada sueño. ¿Qué es lo que hace que esto ocurra?

Mientras escribo estas palabras, observo los capullos rosados y blancos de un manzano silvestre en la orilla de un ondulante lago bajo un cielo azul: mi propio mar de Galilea. Son solo colores, ondas de luz en puntos reconocibles del espectro, pero ¿por qué me hacen sentir tan feliz y tan vivo? ¿De dónde viene su belleza? El Señor «iba a pasarlos de largo...».Todos estos son milagros, pequeñas teofanías que gritan: «¡Dios está vivo! ¡Él se preocupa por ti! ¡No hay palabras para describir la bondad de Dios! ¡Dios es muuuuy grande!»

A veces extrañamos estos milagros porque estamos abrumados. Pero, en mi vida, esto ocurre con más frecuencia en sentido retrospectivo. Observo que Dios obró de alguna manera que no reconocí en absoluto en ese momento.

Respondemos en adoración

Responder en adoración es más que solo asistir a los servicios de alabanza con regularidad.

Sospecho que, cuando los israelitas se reunieron para adorar, temblaron y fueron impactados igual que la montaña porque habían arriesgado todo por causa de este Dios: dejaron su hogar, comida y abrigo. Y él quería pasar a su lado.

Esto trae a colación el asunto del «temor de Dios».

¿Qué significa temer al Señor?

Este temor implica reverencia y asombro, un reconocimiento sano de la persona de Dios. Pero la adoración también nos recuerda que llegará el día en que nuestra condición perdida será totalmente sanada. Ese día, nos daremos cuenta absolutamente de la verdad de las palabras: «El amor perfecto echa fuera el temor». Cuando adoramos, esperamos el día en que el temor será derrotado y destruido, al igual que el pecado, la culpa y la muerte. Por lo tanto, la adoración, al recordarnos al poderoso Dios que obra a favor nuestro, se convierte en una de las más grandes armas contra el temor.

Como lo escribe Dallas Willard:

> El gozo y deleite santos son el gran antídoto de la desesperanza y una fuente de gratitud genuina: el tipo de agradecimiento que se inicia en nuestros pies y que recorre nuestras entrañas y diafragma hasta la punta de nuestra cabeza, lanzando nuestros brazos, ojos y voz hacia arriba, en dirección a nuestro buen Dios.

Es probable que tal clase de adoración sea algo natural en ti. Pero ese no fue mi caso. Crecí en una iglesia bautista sueca y los suecos no son adoradores altamente expresivos, ni expresivos por naturaleza. Tenía que aprender cómo responder.

Ahora bien, al adorar, utilizo toda herramienta a mi disposición para engrandecer a Dios en mi vida: memoria, imaginación, música, Escritura, ilustraciones y danza. Al adorar, declaro que Dios es real. Al adorar, mi percepción de la realidad se transforma y se agudiza.

Por eso, al adorar, en última instancia, *engrandecemos* a Dios. Una de las palabras en griego que se usan para adoración se inicia con el prefijo *mega*, lo que significa grande, y lo que hoy en día se añade a casi cualquier cosa, desde tiendas hasta iglesias. En la adoración, se me recuerda otra vez que adoramos al gran Dios, al MegaDios, el Señor de señores. En el libro *El príncipe Caspian*, de C.S. Lewis, una de las niñas se aproxima a Aslan, la figura arquetípica de Cristo en las crónicas de Narnia, luego de una larga ausencia.

—Aslan, estás más grande —le dice ella.

—Eso se debe a que tú eres mayor, pequeña —responde él.

—¿No es porque lo eres tú?

—No. Sin embargo, cada año que crezcas, me verás más grande.

Y así ocurre con Dios y nosotros. Por eso la historia de Pedro caminando sobre el agua *debe* terminar en adoración. Esta, en cierto sentido, cierra el círculo de todo el relato. La adoración consolida y expresa el nuevo entendimiento de los discípulos acerca de la persona de Jesús.

Cuando los seres humanos salen de la barca, ya nunca son los mismos. Su adoración ya no es la misma. Su mundo jamás es igual. Jesús no ha terminado todavía. Aún está buscando gente que se atreva a confiar en él.

Todavía está buscando gente que rehúse permitir que el miedo dicte la última palabra. Todavía está buscando gente que rehúse ser impedida por el fracaso. Todavía pasa a nuestro lado. Y esta es tu única oportunidad para responder a su llamado.

Esta es la oportunidad de tu vida.

Solo recuerda una cosa: Si quieres caminar sobre el agua, tienes que salir de la barca.

NOTAS

Todas las cursivas fueron añadidas por el autor y no son parte del original a menos que se indique. Las citas de la Escritura son de la Nueva Versión Internacional, a menos que se indique lo contrario.

Capítulo 1: Acerca de caminar sobre el agua

9: *Roosevelt*: Theodore Roosevelt, «Citizenship in a Republic» [Ciudadanía de una república], discurso en la Sorbona, París, Abril 23, 1910.

12: «Tormented» by the waves: Mateo 14.24, según versión en *Matthew* [Mateo], de F. D. Bruner, Word Biblical Commentary. Word Books, Dallas, 1985, 2.532.

12: *Garland*: David E. Garland, *NIV Application Commentary: Mark* [Comentario aplicado NVI: Marcos], Zondervan, Grand Rapids, 1996, p. 263.

12: « *...e iba a pasarlos de largo»*: Marcos 6.48–49.

13: « *...hasta que haya pasado»*: Éxodo 33.22; 34.6.

13: « *...estoy a punto de pasar por allí»*: 1 Reyes 19.11.

13: *Bruner: Matthew* [Mateo], 2.533.

14: «Señor, si eres tú...»: Mateo 14.28.

18: *Jeffers*: Susan Jeffers, *Feel the Fear and Do It Anyway* [Sienta el peligro y hágalo de cualquier manera], Fawcett Columbine, New York, 1987, p. 22.

21: «¡Hombre de poca fe!»: Mateo 14.31.

23: «Aun los jóvenes se cansan»: Isaías 40.30–31.

Capítulo 2: Barcadictos

17: *Dante*: Dante Alighieri, *La Divina Comedia*, «Inferno», Canto 3, 35–38.

28: *Bruner*: F. D. Bruner, *Matthew* [Mateo], Word Biblical Commentary. Word Books, Dallas, 1985, 2.535.

29: *Thoreau*: Henry David Thoreau, *Walden*, en *The Portable Thoreau* [Thoreau portátil], Viking Press, New York, 1947, p. 344.

30: *Bailey*: Kenneth E. Bailey, *Poeta y Campesino: A través de los ojos de un campesino*. Wm. B. Eerdmans, Grand Rapids, 1983, p. 167.

37: *DePree*: Max DePree, *The Art of Leadership* [El arte del liderazgo], Dell books, New York, 1990, p. 5.

39: «Siervo bueno y fiel»: Mateo 25.21, 23.

Capítulo 3: Discierne el llamado

41: *Buber:* Martin Buber, citado por Gregg Levoy, *Callings: Finding and Following an Authentic Life* [Llamados: Búsqueda y encuentro con una vida auténtica], Harmony Books, New York, 1997, p. 2.

42: *Calvino y Crisóstomo:* Citado por F. D. Bruner, Word Biblical Commentary, Word Books, Dallas, 1985, 2:535.

43: *Ryken:* Leland Ryker, *Work and Leisure* [Trabajo y ocio], Multnomah Press, Portland, OR, 1987.

44: «Tú haces que los manantiales viertan»: Salmo 104.10, 13, 14, 24.

44: «Mi Padre aun hoy está trabajando»: Juan 5.17.

44: *Minear:* Paul Minear, «Work and Vocation in Scripture» [El trabajo y la vocación en las Escrituras], en *Work and Vocation: A Christian Discussion* [Trabajo y vocación: un análisis cristiano], editado por John Oliver Nelson, Harper Brothers, New York, 1954, p. 44.

45: «Y Dios el Señor formó al hombre»: Génesis 2.7.

47: *Palmer:* Parker Palmer, *Let Your Life Speak* [Que hable tu vida], Jossey-Bass, San Francisco, 2000, p. 15.

47: *Buechner:* Frederic Buechner, *Whisful Thinking* [Ilusiones], HarperSan Francisco, San Francisco, 1993, p. 119.

48: *Miller:* Arthur F. Miller Jr., *Por qué no puede ser lo que quiere*, Vida, Miami, 2001, p. 40 (en la versión en inglés).

48: «Dios ha plantado en los cielos un pabellón»: Salmo 19:4–5.

50: *McFeely:* William McFeely, *Grant: A Biography* [Grant: Una biografía], W. W. Norton, New York, 1981, pp. 242–43.

52: «...con moderación»: Romanos 12.3.

52: *Buford:* Bob Buford, *Halftime: Changing Your Game Plan from Success to Significance* [Medio tiempo: cambie su plan de juego, del éxito al significado], Zondervan, Grand Rapids, 1994, p. 100.

54: *Smith:* Gordon Smith, *In Times of Choice* [En momentos de decisión], InterVarsity Press, Downers Grove, IL, 1997.

Capítulo 4: Camina sobre el agua

57: *Thoreau:* Henry David Thoreau, *Walden*, en *The Portable Thoreau* [Thoreau portátil], Viking Press, New York, 1947, p. 343.

58: «¡Silencio! ¡Cálmate!»: Marcos 4.39.

62: *Cotter:* Jeffrey Cotter, «Witness Upmanship», *Eternity* [Eternidad], marzo 1981, pp. 22–23.

Capítulo 5: Frente al viento

69: *Levoy:* Gregg Levoy, *Callings: Finding and Following an Authentic Life* [Llamados: Búsqueda y encuentro con una vida auténtica], Crown Publishers, New York, 1997, p. 253.

69: *Ambrose:* Stephen Ambrose, *Undaunted Courage: Meriwether Lewis, Thomas Jefferson, and the Opening of the American West* [Valor firme: Meriwether Lewis, Thomas Jefferson, y la conquista del Oeste americano], Simon & Schuster/Touchstone, New York, 1997.

73: «Túnica de diversos colores»: Génesis 37.3 RVR60

74: «Y lo odiaron aún más»: Génesis 37.8.

76: «José se ganó la confianza»: Génesis 39.4, 6.

78: «Y por más que ella lo acosaba»: Génesis 39.10.

78: «Un día...lo agarró del manto»: Génesis 39.11–12.

79: «el SEÑOR estaba con él»: Génesis 39.21.

80: *Szymusik:* citado por Julius Segal, «Possible Interventions with Risk-Prone Individuals» [Intervenciones posibles con individuos propensos al riesgo], en *Self-Regulating Behavior and RiskTaking* [Conducta autorregulada y toma de riesgos], editado por Lewis Lipsitt y Leonard Mitnick. Ablex Publishing, Norwood, NJ, 1991, p. 334.

80: «*Tired of Life*» [Cansado de la vida]: E. Schneidman y N. Farberow, «A Psychological Approach to the Studyof Suicide Notes» [Un enfoque sicológico de las notas suicidas] en *The Psychology of Suicide* [La psicología del suicidio], editado por E. Schneidman, N. Farberow y R. Litman, Science House, New York, 1970, pp. 159–64.

80: Julius Segal, «Possible Interventions with Risk-Prone Individuals» [Intervenciones posibles con individuous propensos al riesgo], p. 334.

80: «...el SEÑOR estaba con José»: Génesis 39.21–22.

83: «Dentro de los próximos tres días»: Génesis 40.13.

83: «Dentro de los próximos tres días el faraón mandará que a usted lo decapiten»: Génesis 40.19.

83: « *...ustedes pensaron hacerme mal»*: Génesis 50.20.

83: *Willard:* Dallas Willard, *The Divine Conspiracy* [La conspiración divina], Harper SanFrancisco, San Francisco, 1999, p. 237.

Capítulo 6: Clamor Temeroso

85: *Thoreau:* Henry David Thoreau, anotación en su diario, septiembre 7, 1851.

87: *Bruner:* F. D. Bruner, *Matthew* [Mateo], Word Biblical Commentary, Word Books, Dallas, 1985, 2:534, incluyendo las citas de las Escrituras.

90: *Jeffers:* Susan Jeffers, *Feel the Fear and Do It Anyway* [Sienta el peligro y hágalo de cualquier manera], Ballantine Books, New York, 1987.

Capítulo 7: Como que te hundes

99: *Melville:* Citado por William McFeely en *Grant: A Biography* [Grant: Una biografía], W. W. Norton, New York, 1981, p. 485.

102: «... tuvo mucho miedo de *Aquis, rey de Gat*»: 1 Samuel 21.12–15.

102: «David se fue de *Gat*»: 1 Samuel 22.1.

103: «... muchos otros que estaban en apuros»: 1 Samuel 22.2.

105: «Tú eres mi refugio»: Salmo 142.5.

106: «Persíguelos ... Vas a alcanzarlos»: 1 Samuel 30.8.

107: *Burns:* David Burns, *Feeling God* [Sintiendo a Dios], William Morrow, New York, 1980, pp. 80 ss.

107: *Warren:* Neil Clark Warren, *Finding the Love of Your Life: Ten Principles for Choosing the Right Marriage Partner* [Encontrando al amor de tu vida: Diez principios para elegir a la pareja matrimonial correcta], Pocket Books, New York, 1994.

108: *Palmer:* Parker Palmer, *Let Your Life Speak* [Que hable tu vida], Jossey-Bass, San Francisco, 2000. Usado con permiso.

111: *Art and Fear* [Arte y temor]: David Bayles y Ted Orland, *Art and Fear: Observations on the Perils (and Rewards) of Artmaking* [Arte y temor: Anotacione ssobre los peligros—y recompensas— del quehacer artístico], Capra Press, Santa Barbara, 1993, p. 29.

112: *Miller:* Arthur Miller, *Death of a Salesman* [La muerte de un vendedor], Penguin Books, New York, 1949, pp. 110–11.

113: «Eres mi *refugio*»: Salmo 142.5.

Capítulo 8: Concéntrate en Jesús

115:*Seligman:* Martin Seligman, *Learned Optimism* [Optimismo aprendido], Simon & Schuster, New York, 1990, p. 16.

118:*Smedes:* Lewis B. Smedes, *Standing on the Promises*, Thomas Nelson, Nashville, 1998, p. 28.

119:*Moisés envió a doce:* Véase Números 13.

120:*Seligman:* Martin Seligman, *Learned Optimism* [Optimismo aprendido], Simon & Schuster, New York, 1990, p. 15.

121:*Goleman:* Daniel Goleman, *Emotional Intelligence* [Inteligencia Emocional], Bantam Books, New York, 1995, p. 87.

122:*Lasch:* Christopher Lasch, *The True and Only Heaven* [El verdadero y único cielo], W. W. Norton, New York, 1991, p. 81.

122:«Todo lo puedo»: Filipenses 4.13.

123:«Todo lo verdadero»: Filipenses 4.8.

123:*Hart:* Archibald Hart, *Habits of the Minds* [Hábitos de la mente], Word, Dallas, 1996, p. 5.

123:«No se amolden al mundo actual»: Romanos 12.2.

125:«Tú guardarás en perfecta paz»: Isaías 26.3.

125:*Laubach:* Laubach Literary International, *Frank Laubach: Man of Prayer* [Frank Laubach: Hombre de oración], Syracuse: Laubach Literacy International, 1990, p. 78.

127:«Que el Señor de la esperanza»: Romanos 15.13.

Capítulo 9: Aprende a esperar

133:*Smedes:* Lewis B. Smedes, *Standing on the Promises* [Apoyarse en las promesas], Thomas Nelson, Nashville, 1998.

136:*Smedes:* Lewis B. Smedes, *Standing on the Promises* [Apoyarse en las promesas], Thomas Nelson, Nashville, 1998, pp. 41–42.

137:«Guarda silencio ante el SEÑOR»: Salmos 37.7, 34.

137:*Peck:* M. Scott Peck, *The Road Less Traveled* [El camino menos transitado], Simon & Schuster, New York, 1978, p. 19.

138:*Goleman:* Daniel Goleman, *Emotional Intelligence* [Inteligencia Emocional], Bantam Books, New York, 1995.

139:«Pero no olviden»: 2 Pedro 3.8.

140:«El producto de la justicia será la paz»: Isaías 32.17.

142:«Porque en esa esperanza fuimos salvados»: Romanos 8.24–25.

Capítulo 10: ¿Cuán grande es tu Dios?

147:*Pascal:* Citado en el libro de Bill y Kathy Peel, *Discover Your Destiny* [Descubra su destino], NavPress, Colorado Springs, 1996, p. 215.

147:*Bruner:* F. D. Bruner, *Matthew* [Mateo], Word Biblical Commentary, Word Books, Dallas, 1985, 2:534.

150:«Cuando subieron a la barca»: Mateo 14.32–33.

153:«El amor perfecto echa fuera el temor»: 1 Juan 4.18.

153:*Willard:* Dallas Willard, *The Spirit of the Disciplines* [El Espíritu de las disciplinas], Harper San Francisco, San Francisco, 1988, 178. C. S. Lewis, Prince Caspian, The Chronicles of Narnia. New York: Collier/ Macmillan, 1985, 136. [*El Príncipe Caspian, Crónicas de Narnia*] Grand Rapids: HarperCollins 2006.